옛 그림으로 본
동의보감

얼굴과 몸을 살펴 건강을 안다

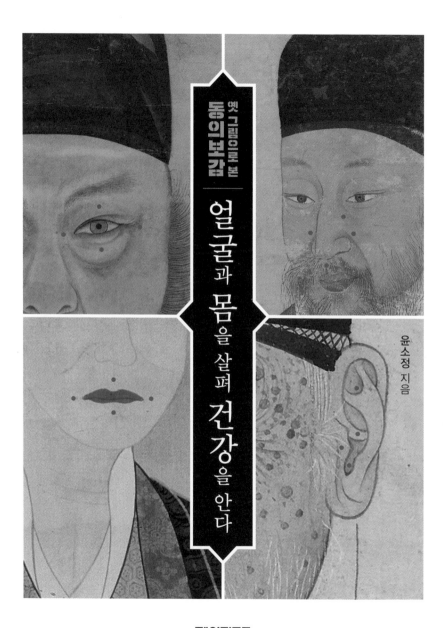

옛 그림으로 본
동의보감 ────

얼굴과 몸을 살펴 건강을 안다

윤소정 지음

페이퍼로드
paperroad

한의학과 옛 그림이
철학에서 만나다

21세기를 살아가는 우리는 한의학에 대해 어느 정도 알고 있을까?

한의원에 가본 사람도, 전혀 경험이 없는 사람도 있을 것이다. 한의원에 가면 침을 맞거나, 부항 혹은 뜸을 뜨기도 한다. 이러한 치료 경험 없이, 한약만 먹어본 이들도 있다. 보통 한약이라고 하면 색깔이 진하고, 쓰디쓴 물약을 연상한다. 침이나 뜸 같은 것은 아프고 무섭다며 꺼려하는 경우도 종종 있다. 하지만 요즘은 전혀 아프지 않은 자석이나 레이저침도 있고, 투명하고 맛있는 한약도 있다.

한의학이란 우리나라 고유의 의학이다. 일본과 중국, 베트

남에도 한의학이 존재하기는 하지만, 삼국시대부터 조선시대와 근대를 걸쳐 현대에까지 꾸준히 발달한 한의학韓醫學은 우리나라 고유의 의학이라 불러도 손색이 없다.

한의학에 대해 관심이 없는 사람이라도 허준과 『동의보감』에 대해서는 들어본 기억이 있을 것이다. 〈집념〉을 시작으로 〈동의보감〉, 〈허준〉, 〈구암 허준〉까지 여러 번의 드라마화를 거쳐 우리에게는 제법 친숙한 느낌을 주는 소재다. 서울에는 허준 박물관도 있고, 경상남도에는 동의보감로라는 도로도 있다. TV 프로그램 등에서 종종 한의사와 한의학에 대해 알려주기도 한다. 그러나 유명세로만 적지 않을 뿐, 대부분의 비전공자에게 한의학이란 "뭔가 어려워 보이는 동양의 신비" 정도로, 그저 대략적인 인상 그 이상의 것을 주지 못하는 것이 현실이다. 이를테면 이미 지나가버린 옛날 이야기처럼, 요즘 우리가 살아가는 시대와는 맞지 않는 것으로 느끼는 셈이다.

하지만 한의학은 그리 먼 곳에 있지 않다. 동네를 몇 발자국 산책해보아도 한의원 한두 곳쯤은 찾아볼 수 있고, 허한 몸을 보하거나 집중력을 키우고 싶을 때, 허리나 무릎이 시큰거릴 때 머릿속에 떠올리는 것도 한 방의 침 아니면 잘 달여진 보약 한 사발이다. 실제로 주위에서 남녀노소 다양한 이들을 만나볼 때면, 한의학에 대해 생각보다 많이 궁금해하고 관심도 있다는 것이 느껴졌다. 이미 한의학에 대해서 전문가처럼 많이 알고 있는 이도 있었다. 그런데 막상 한의학에 대해서 쉽게 알려주는 책이라거나 물어볼 사람이 없어서 답답해 하는 경우도 자주 봤다.

어떻게 하면 한의학에 흥미를 가지고 접근하게 할 수 있을까? 그리고 어떻게 하면 한의학을 더 친숙하게 전달할 수 있을까? 한의학은 의학이면서 철학이다. 한 권의 책으로 한의학의 하나부터 열까지를 전달하는 것은 이해도 어려워지거니와 가능하지도 않다. 다만 한의학이 얼마나 우리 곁에 가까이 있는지, 또 얼마나 우리 삶에 녹아들어 있는지 돌아보며 한의학의 개략을 이야기하는 것도 의미 있는 작업일 것이다. 낯설고 어려운 이론으로 바로 들어가기보다는, 시각적으로 와 닿는 그림을 주제로 하면 좀 더 재미있게 다가갈수 있으리라 생각했다.

책에는 각 주제마다 1~3점 정도씩 우리 조상들이 그렸던 옛 그림들이 소개된다. 먼 과거의 그림도 있고, 백여 년 전 남짓 된 비교적 최근의 그림도 있다. 교과서에서 한 번쯤 본 것 같은 익숙한 그림도 있고, 전혀 새로운 그림도 있을 것이다. 그 그림 속에서 우리는 『동의보감』 혹은 한의학이 말하는 건강의 징후를, 한약재의 모습을 찾을 수도 있다. 해설사의 설명을 배경삼아 미술관에서 여유로운 산책을 하듯 한 장 한 장 그림을 살펴보노라면, 어느새 그림 곳곳에 숨어 있는 한의학의 자취와 우리 조상들의 삶, 그리고 그 사이의 관계까지 깨달을 수 있게 될 것이다.

이 책은 겉으로 드러난 몸의 생김새를 통해 건강을 예측하는 1장 「우리 몸의 겉을 살펴보다」와 인체의 안쪽에 위치한 오장을 다룬 2장 「우리 몸의 속을 들여다보다」, 그리고 다양한 약재를 다룬 3장 「주변과 일상에서 약재를 찾아보다」와 4장 「신화와 풍습 속에서 약재를 찾아보다」로 구성된다. 마지막 5장 「한의학을 들여다보다」에서는 한의학의 기본 원리가 되는 음양오행과 우리나라의 독특한 한의학 이론인 사상체질을 다룬다. 그 외 체질별 특징과 체질에 따른 공부법, 자주 접하는 한약재와 알아두면 좋은 한약에 관한 내용 등을 부록으로 집어넣었다. 옛 그림들과 함께 사진자료들도 수록하여 한의학에 대한 막연한 이미지를 좀 더 명료하게 제시하려 했다.

꼭 처음부터 순서대로 읽을 필요는 없다. 각 장의 내용이 독립적이라서 중간부터 읽는다고 해도 내용을 이해하는 데 큰 어려움이 없기 때문에, 조금 더 흥미가 가고 알고 싶은 부분부터 읽는 것도 좋다. 다만 2장과 5장에서는 한의학의 이론을 많이 다루다 보니 다른 장에 비해 상대적으로 조금 어렵게 느껴질 수도 있다.

이 책에 있는 한의학 내용은 대부분 '허준'이 쓴 『동의보 감』에서 참고했다. 『동의보감』 외에도 많은 한의학 서적이 있지만, 아무래도 우리에게 제일 친숙한 서적이기 때문이다. 『동의보감』은 2009년에 유네스코 세계기록유산에 오르고, 2013년은 '유네스코가 정한 『동의보감』의 해'이기도 했다. 물론 『동의보감』만이 아니라 그 외 다른 서적의 내용도 필요 에 따라 책 속에 포함해 넣었다. 다만, 좀 더 대중에게 다가 서고자 했던 『동의보감』의 정신만은 이 책을 쓴 이유 중 하 나라고 말해도 좋다. 이 책 역시 보다 많은 이들이 한의학과 가까워지길 바라는 마음으로 집필되었기 때문이다.

『동의보감』은 우리나라뿐 아니라 세계가 인정한 의학 서 적이다. 『동의보감』을 필두로 하여, 우리 한의학에는 중국과 일본에는 없는 독특한 이론과 훌륭한 처방이 적지 않다. 그 렇다면 우리나라의 한의학이 다른 나라의 그것들을 뛰어넘 는 가장 우수한 한의학일까?

이 책은 우리 한의학이 세계 어느 한의학보다 훌륭하다 고 주장하지는 않는다. 비행기나 텔레비전을 넘어 전 세계가 실시간으로 연결되는 요즘 시대에, 다른 나라에 비해 우리나라의 것이 무조건 좋은 것이고 옛 조상들이 남긴 업적을 무조건 세계 최고의 업적이라고만 주장할 수는 없다. 모든 문화는 홀로 오롯이 존재하지 않고, 다른 문화와의 교류를 통해 변하고 발전해나간다. 그러나 더 나아지고 더 다양해질지언정, 본래 갖고 있는 근본만은 어지간해선 변하지 않는다.

한의학도, 우리 옛 그림도 마찬가지다. 한의학은 본디 의학이면서 철학이다. 눈에 보이는 해부학적 구조뿐 아니라 실제 우리 몸 안에서 어떤 작용이 일어나고 있는지 그 기능을 중시한다. 동양화도 그림 기법보다는 그 안에 담고 있는 내용, 철학을 중요하게 여긴다. 옛 그림과 한의학은 바로 이러한 점에서 만나고 있다.

물론 '에이, 난 한의학이 궁금하지 않아'라고 생각하는 이들도 있을 것이다. 하지만, 꼭 한의학이 아니더라도 그림을 통해 우리 조상들이 걸어온 길과 그들의 생각을 읽는 또 다른 눈을 가질 수 있는 계기가 된다면, 이 책을 쓴 저자로서는 그 또한 보람 있는 일일 것이다.

서양의 의학이 들어오기 이전부터 한의학은 우리 조상의 건강을 지켜왔고, 역사를 함께해왔다. 우리의 한의학 속에 들어 있는 그것은 의학이기도 하고, 철학이기도 하지만, 그 이전에 우리 민족이 걸어온 역사와 삶이기도 하다. 우리와 함께 수천 년의 역사를 거닐어온 한의학, 과연 그것이 무엇인지, 어떤 의미를 가지는지, 옛 그림들 가득한 이 책 속으로 함께 들어가 보자.

부록

우리 몸의 결을 들여다보다

"얼굴이 창백해. 어디 아프니?"

일상생활을 할 때 우리는 주위 사람들의 안색이나 외형을 살피며 상대의 컨디션을 예측하고는 한다. 그렇다면, 사진이나 그림을 보고도 이렇게 건강 상태를 알 수 있을까? 대답은 '경우에 따라 다르다'. 사진관의 사진도 보정이 이루어지고, 핸드폰의 셀카조차 다양한 앱을 이용해 수정하는 게 요즘 세상이다. 정교하게 표현한 서양의 초상화나 길거리 화가의 캐리커처도 '나'라는 특징을 강조할 뿐, 실제의 내 모습과는 거리가 있다.

하지만 우리 조상들은 달랐다. 미운 모습이든, 고운 모습이든 더하거나 빼지 않고 정직하게 묘사했다. 특히 자신의 초상화라면, 윤곽만이 아닌 털 한 올 한 올까지 실제와 같아야 그것이 진정한 나의 모습이라고 생각했다. 얼굴에 난 검버섯, 천연두 흉터, 백반증°까지 조금의 어긋남이 없이 그대로 그

려 넣으려 했다. 사시인 사람도 초상화 속에서는 특유의 시선을 그대로 드러냈다. 이런 초상화라면 그 사람을 오롯이 알게 하는 데 부족함이 없다. 당연히 몸 상태를 진단하는 도구가 되기에도 충분할 것이다.

다만, 관상과는 구분하고자 한다. 즉, 생김새로 사람의 성격이나 운명을 판단하는 것이 아니라 순수하게 건강 관련 정보만 읽어내는 것이다.

윤두서 자화상
종이바탕에 채색, 20.5×38.5cm,
국보 제240호.

1

눈에서

정신이 보인다

앞을 똑바로 응시하는 강렬한 눈빛, 호랑이의 갈기처럼 위엄을 드러내는 수염. 교과서에도 실려 유명한 그림, 윤두서(1668~1715년)의 〈자화상〉에서는 일반적인 초상화와 달리 한복을 입은 상반신이 눈에 띄지 않는다. 귀도 보이지 않고 그로 인해 얼굴만 특히 부각되어, 보는 사람으로 하여금 두려움마저 들게 한다. 그러나 윤두서가 처음 이 그림을 그렸을 때는 도포 형상이 있었고, 얼굴도 귀까지 그렸다고 한다.

동양화에는 전신傳神이라는 말이 있다. '전신'이란 '전신사조傳神寫照'의 준말로 초상화를 그릴 때 인물의 외면과 내면을 함께 전해야 한다는 개념이다. 이 말을 처음으로 사용한 동진시대 화가 고개지는 전신을 이루는 방법으로 '이형사신 以形寫神'을 들었다. 이형사신은 "형으로 신을 묘사하라"는 의미다. 즉, 정신을 드러내기 위한 방법으로 정확한 형태의 표현을 강조한 셈이다. 그런데 고개지가 형태의 표현으로 가장 강조한 것이 얼굴, 그리고 눈이었다.

눈은 혼백이 드나들고 정신이 생기는 곳

『동의보감』에서는 눈을 이렇게 말한다. "오장육부의 정기는 다 눈으로 올라가기 때문에 장부의 정기가 나타나게 된다. 눈은 혼백°이 드나드는 곳이며, 정신이 생기는 곳이다." 과연 고개지의 말처럼 『동의보감』 역시 눈에서 정신을 볼 수 있다고 말한 셈이다.

여기에서 더 나아가 『동의보감』은 눈의 각 부분을 신체 장기와 연관시켰다.

° 魂魄. 인간에게 깃들어 있는 두 종류의 영혼을 말한다. 인간이 죽은 다음, '혼'은 인간의 몸을 빠져나와 하늘로 올라가지만, '백'은 인간이 죽은 다음에도 몸속에 사는 존재로, 묘지에 묻힌 시체와 함께 흙이 된다고 생각했다.

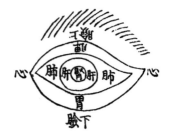

◇ 오륜지도

눈의 각 부분과 오장육부의 관계를 보여준다.

눈 양쪽의 빨간 부분, 눈구석에 보이는 벌건 핏줄은 심장에 속하는데, 이는 혈관과 통하며 혈(피)의 정기가 모여 있다. 검은자위는 두 부분으로 나누어 보는데, 둥글고 큰 검은 자위(홍채)는 간에 속하고 그보다 안쪽 중심에 있는 새까만 부분(동공)은 신장에 속한다. 간에 속하는 홍채에는 힘줄의 정기가 모여 있고, 신장에 속하는 눈동자(동공)에는 뼈의 정기가 모여 있다. 흰자위는 폐에 속하는데 기(氣)의 정기가 모여 있으며, 눈의 아래위에 있는 눈두덩 살인 눈꺼풀(안검)은 비장에 속하여, 근육의 정기가 모여 있다.

눈을 그려 사람을 완성하다

조선의 제22대 왕인 정조는 초상화를 고르는 안목이 까다로웠다. 세손 시절에도, 마음에 들지 않는다고 이미 그린 초상화의 폐기를 지시하기도 했다. 왕이 된 후인 1781년, 어진(왕의 초상화)을 그리기 위해 화가들을 품평하는 자리에서 그는 좋은 초상화의 조건으로 풍의風儀와 정채精彩를 들었다.

풍의는 드러나 보이는 사람의 겉모양으로 풍채와 비슷한 말이며, 정채는 눈빛을 뜻한다. 결국 정조의 어진은 두 명의 화가가 나누어 그렸는데, 한종유가 얼굴을 김홍도가 옷을 그렸다. 정조가 보기에 풍의에 뛰어난 화가는 김홍도였지만, 정채의 묘사에는 한종유가 으뜸이었던 것이다.

중국 남북조시대 양나라의 화가인 장승요는 '안락사'라는 절에 용을 다 그려놓고 눈을 그리지 않은 채 이렇게 말했다고 한다. "눈동자를 찍는 즉시 살아서 날아가 버릴 것이다." 나중에 그가 눈동자를 그려 넣자 정말 그의 말처럼 용이 하늘로 날아갔다고 한다. 그 유명한 '화룡점정°'이라는 고

° 畵龍點睛. 용을 그린 뒤 마지막으로 눈동자를 찍는다. 일의 가장 중요한 부분을 마치고 마무리를 완벽하게 끝낸다는 의미이지만, 동양화에서 눈동자를 그려 넣는 행위를 '점정'이라 부르기도 한다.

사성어에 얽힌 이야기다. 앞서 말한 고개지에게도 유사한 일화가 있다. 고개지는 그림을 그리고 눈동자를 찍지 않는 경우가 잦았는데 그림 속 인물이 살아나서 말을 걸 것을 경계했기 때문이라 한다.

비슷함에 의심이 없게 하라

공재 윤두서는 겸재 정선, 현재 심사정과 함께 조선의 3재로도 불린다. 해남 윤씨 가문 사람으로서 윤선도의 증손이자 정약용의 외증조다. 명문가의 자손으로 태어났지만 당파 싸움으로 관직에 나서진 못한 대신 방대한 독서를 통한 예술 활동으로 조선 후기 회화의 새로운 맥을 열었다고 평가받고 있다. 그는 탄탄한 철학적 기반을 통해 조선 중기의 회화를 계승하는 한편, 다음 시대를 예고하는 새로운 화풍을 탄생시켰다.

윤두서 이전의 화풍은 의복이나 머리모양에서 중국의 것을 답습해 그렸다. 도사와 동자, 선비가 등장해 먼 곳을 바라보는 기존 화풍의 그림 대신에, 윤두서의 그림에서는 상투를 튼 남자가 앉아서 짚을 꼬며, 저고리를 입은 아낙네가

치마를 끌어올린 채 비탈에서 나물을 캐곤 했다. 이러한 윤두서의 화풍은 훗날 풍속화의 대가들인 김홍도, 김득신에게로 이어진다. 윤두서는 그리기 전에 소재를 면밀히 관찰했다. 말을 그릴 때면 마구간 앞에 서서 종일토록 주목해 보기를 몇 년간 계속했다. 그 뒤 마음의 눈으로 꿰뚫어 본 모습이 실제 모습과 털끝만큼이라도 비슷함에 의심이 없는 후에야 붓을 들어 그렸다고 전해진다.

윤두서의 〈자화상〉은 모두가 공인하는 조선시대 초상화의 최고 걸작이며 현존하는 국보 중 유일한 초상화다. 면을 그린 뒤 색을 채워 넣는 대신 촘촘히 그려진 선으로 면을 대신하고, '화룡점정'이라는 말처럼 강렬하게 '점정'한 눈동자가 '눈이 마음을 드러낸다'는 고개지의 '전신사조' 효과를 여지없이 드러낸다. 형형한 빛을 내뿜고 있는 눈동자뿐 아니라 약간 위로 치켜 올라간 눈초리와 눈썹, 그리고 눈 아래 두툼한 살과 다크서클까지 윤두서의 초상화는 말 그대로 외모와 성격을 포함한 윤두서라는 인물의 거의 모든 것을 그림 한 장으로 그대로 드러내 보여준다.

'눈'으로 통하는 동양과 서양

2018년, 호주와 독일 대학의 공동 연구팀은 참가자 42명의 안구 운동을 AI로 분석한 데이터로 사람의 다섯 가지 성향(신경증 · 외향성 · 개방성 · 원만성 · 양심성)을 파악했다. 또한 약 30만 명의 안구 뒤쪽을 AI로 스캔, 분석하여 환자의 나이 · 혈압 · 흡연 여부 등을 추론하고 심장질환 위험을 측정했다고 한다. 눈은 마음의 창이며, 마음의 창으로 몸을 살필 수 있다는 『동의보감』의 철학이 서양의 연구결과로도 증명된 셈이다.

영조 어진

채용신, 조석진, 1900년,
비단에 채색, 61.8×110.5cm,
국립고궁박물관, 보물 제932호.

2

코 큰 사람이

건강하다?

영조의 나이 51세 때의 초상화다. 1744년(영조 20년)에 장경주, 김두량 등이 제작한 원본을 바탕으로 하여 1900년에 조석진, 채용신 등 당대의 실력 있는 초상화가들이 그린 이모본°이다. 원본은 6·25 전쟁 때 소실되어 현재는 남아 있지 않다. 날카롭게 치켜 올라간 눈매와 붉은 입술도 인상적이지만, 산근(콧마루와 두 눈썹 사이)부터 이어지는 쭉 뻗은 코가 얼굴의 중심을 안정감 있게 잡아준다.

°   移模本. 원본을 보고 새로 그린 그림.

영조(1694~1776년)는 조선 제21대 왕으로 50년을 넘게 왕의 자리에 있었으며, 수명이 비교적 짧았던 조선시대 왕들에 비해 장수한 왕으로 유명하다. 조선의 왕 27명 중에서 반 정도가 50세 이전에 사망했으며 환갑을 넘긴 사람은 단 6명이었고, 전체 왕의 평균수명이 47세인데 반해 영조는 83세까지 건강하게 살았던 최고로 장수했던 왕이다. 『영조실록』에 따르면, 그가 75세 때 대신들이 말하길 그의 피부가 청년시절과 다름없다고 했으며 당시 그는 미각도 노쇠하지 않고 여전했다고 한다.

코로 드나드는 기운이 우리 몸을 움직인다

「동의보감 외형편: 코」는 다음과 같은 말로 시작한다. "코를 잘 통하게 해야 코로 드나드는 기운이 단전으로 들어간다." 도가의 경전을 인용한 것으로, 여기서 단전은 흔히 배꼽 밑 3치(9cm쯤)의 부위를 말한다. '단전호흡법'이라 하여 정기를 이곳에 집중시키는 이 특수 호흡법이 건강에 좋다는 말을 주위에서 한번쯤 들어봤을 것이다. 한의학에서 단전은 일반적으로는 관원혈關元穴을 말한다. 배꼽 아래의 '신간동기

腎間動氣'라고도 하며, 정혈精血이 저장되어 있는 곳을 말한다. 남자는 '정°'이, 여자는 '혈'이 바로 이곳에 모인다.

'신간동기'는 양쪽 신장의 사이에 있는 기운, 원기를 말한다. 신간동기는 기를 만드는 근원이자 생명의 근원으로, 오장육부와 경맥의 활동은 모두 신간동기의 작용이 있어야만 원만히 이루어질 수 있다.

한편 『동의보감』에서는 코를 신기神氣가 드나드는 문이기 때문에 신려神廬라고 부르며, 폐의 기운이 곧 코와 통하기에 폐와 관련된 증상은 코를 통해 알 수 있다고 설명한다.

코로 들이쉰 숨은 폐로 통한다

한의학에서 코는 '폐와 통하는 구멍'이다. 그래서 코의 중요성을 말하는 구절 역시 한의학에 많다. "기가 코로 들어가서 심과 폐에 저장된다. 그러므로 심장과 폐에 병이 생기면 따라서 코도 순조롭지 못하다", "폐기는 코로 통하므로

° 精. 정이 무엇인지는, 이후 2장의 「신장, 노화를 결정하다」에서 자세히 다루도록 한다.

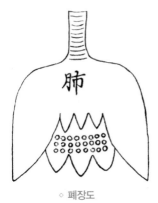

◇ 폐장도
폐의 형태보다 기능에 집중하여 표현했다.

폐가 순조로워야 코가 냄새를 잘 맡을 수 있다"고 하여, 코
와 심폐와의 관계가 밀접함을 강조하고 있다.

　그런데『동의보감』에서 묘사하는 폐, 즉 허파의 모양은
실제와 다르다. 해부학적으로는 오른쪽 허파가 상엽·중엽·
하엽 세 개로 나뉘고, 왼쪽 허파는 상엽·하엽의 두개로 나
뉜 구조이다. 그러나『동의보감』속 폐는 어깨의 형태와 비
슷하고, 2개로 퍼진 엽과 여러 개의 작은 엽으로 이뤄져 있
다. 사실 이 그림은 폐의 형태보다 폐의 기능에 집중하여 표
현한 것으로 폐가 모든 장부의 위에서 마치 덮개처럼 보호
해주는 모습을 보여준다. 그림에는 24개의 구멍이 있는데,
이 구멍으로 여러 장기에 맑거나 흐린 기를 보낸다고 설명

한다. 한편 24개의 구멍은 1년 24절기에 대응하는 것으로, 외부의 기운과 소통하는 것을 나타낸다고도 한다.

코의 모양을 보면 건강이 보인다

'코가 큰 사람은 건강하다'라는 말이 있다. 일반적으로 코가 큰 사람은 체격이 좋은 반면, 코가 작은 사람은 체구가 작다. 코가 높더라도 살집이 없는 사람은 폐가 약하다. 특히 콧마루가 곧은 사람이 건강하고, 콧마루가 굽은 사람은 질병이 생기기 쉽다.

코가 한쪽으로 휘어져 있을 경우 코막힘, 비염 및 만성 두통을 일으킬 수 있다. 대표적인 질환으로 '비중격 만곡증'이 있는데, 코의 중앙에 있어 콧구멍을 둘로 나누는 칸막이인 비중격이 심하게 휘어진 상태를 말한다. 비중격 만곡증에 의해 나타나는 증상은 코막힘, 후각 장애, 구강호흡, 수면 무호흡 및 비후성 비염°, 부비동염뿐 아니라, 머리가 무거운

° 비후성 비염. 만성적인 염증에 의해서 하비갑개가 비후, 즉 두꺼워져 비폐색(코막힘)이 생기는 비염.

느낌이나 두통, 집중력 저하, 기억력 감퇴, 수면 장애 등 다양하다. 코감기 등 염증성 질환인 급성 비염의 발생확률도 높아진다.

중국 호남중의대학 교수인 팽청화의 저서 『망진』에서는 다음과 같은 흥미로운 연구결과를 소개하고 있다. 코의 형태가 암과 직접적인 관련이 있다고 주장한 프랑스의 의학자가 있는데, 그는 암으로 사망했거나 생존해 있는 암환자 2000명을 대상으로 연구를 진행했다. 그에 따르면, 매부리코인 사람은 폐암과 후두암에, 코가 뾰족한 사람은 간암·유방암에 걸리기 쉬우며, 코가 편평한 사람은 뇌종양·임파선 암에 걸리기 쉽다고 한다. 물론 이는 초보적인 연구단계이고, 동양인에게도 마찬가지 기준으로 적용이 가능할지는 좀 더 살펴봐야 할 것이다.

'코'가 말해주는 우리 몸의 질병

코를 보고 진단할 때는 형태와 색깔, 그리고 콧물의 변화를 함께 관찰해야 한다. 코의 색깔이 창백하면 기혈이 부족한 경우가 많고, 푸르고 검은색을 띠면 몸 안에 찬 기운이 맺혀 있는 것이다. 오래된 병일 때, 코의 좌우 양 끝인 비익(코의 양 날개)이 벌렁거리면서 숨이 차고 땀이 나는 것은 폐의 기운이 끊어지려는 것으로 위험하다. 코가 막히고 맑은 콧물이 흐르는 것은 풍한(바람과 추위)에 몸이 상한 것이고, 코가 막히고 탁한 콧물이 나는 것은 풍열로 인한 것이다. 풍열이란 풍사風邪와 열사熱邪가 겹친 것을 말하는데, 이때 사기邪氣란 몸을 해치고 질병을 일으킬 수 있는 원인을 말한다.

『동의보감』에서는 코의 기능을 건강하게 유지하는 방법으로 가운데 손가락으로 콧마루 양쪽을 20~30회 정도, 코의 안팎이 모두 뜨거워질 때까지 문지르는 것을 권장한다. 이는 코뿐 아니라 폐를 윤택하게 하여, 폐 건강에 도움이 된다.

조반 부부 초상

작가 미상, 조선 초기,

비단에 채색. 각 70.6×88.5cm,

국립중앙박물관

3

건강한

입술이란?

우리나라에 남아 있는 여성 초상화는 극히 드물다. 조선의 19대 왕 숙종은 그의 왕비인 인현왕후의 초상화를 그리도록 명했으나, 사대부 화가였던 김진규를 비롯하여 여러 대신들이 반대하여 결국 그리지 못했다. 이는 조선시대 전반을 지배하는 유교 이념의 영향 때문으로 보이는데, 남녀칠세부동석이란 말처럼 남성인 화가가 여성, 심지어 중전을 그린다는 것이 용납되지 않았던 것이다. 그럼에도 불구하고 현존하는 여성의 초상화는 주로 부부를 함께 그린 것이다. 그런데 이 부부상이란 것도 그렇게 흔하진 않다. 부부가 함께 앉

◇ 공민왕과 노국공주 초상
국립고궁박물관. 광해군 때 다시 그렸다.

아 있는 모습을 그린 부부병좌상은 원나라의 영향을 받아
고려말에서 조선초 사이에 주로 제작되었는데, 〈공민왕과
노국공주 초상〉, 〈박연부부 초상〉, 〈하연부부 초상〉 등이 지
금까지 전해온다. 그러나 이들 초상화는 이모본일 가능성이
높고, 덧칠을 많이 해서 훼손된 것들이 대부분이다.

　〈조반 부부 초상〉 역시 이모본으로 추정되지만, 색채가
선명하여 비교적 보존이 잘 된 초상이라 할 수 있다. 조반과
그의 부인이 각각 다른 의자에 앉아 있는 독립된 초상으로,

족자 형태이다. 선묘 위주로 간략하게 그려져 있으며, 부부 모두 빨간 입술이 제일 먼저 눈에 띈다.

입술의 색깔은 기혈 성쇠의 지표

입술은 점막이 얇고 투명하여 색깔 등의 변화가 뚜렷이 드러나는 특징이 있어, 전신의 기혈 상태를 보여주는 주요 지표가 된다. 예를 들어, 건강한 사람의 입술은 적당한 두께로 도톰하고 좌우의 균형이 잘 맞으며, 색은 붉고 윤택하다. 입술이 붉고 윤기가 나는 것은, 비위의 기운이 충분하고 기혈의 영양 상태가 좋은 것을 의미한다. 특히 아이들의 경우 비위가 건강한 것은 성장과 직결되므로, 건강한 입술의 색택이 나타나는 아이는 튼튼하게 자란다. 이에 비해 입술이 담홍색인 것은 비위가 허약하거나 기혈이 부족한 사람에게서 볼 수 있다. 입술과 입 안이 모두 벌겋고 부은 것은 열이 심한 것이고 입술과 입이 검푸른 것은 찬 기운에 상한 것이다. 입술 주위의 색에도 의미가 있는데, 여기에 육부의 정기가 나타나기 때문이다. 육부는 여섯 개의 부를 말하는데, 주로 음식의 소화 흡수와 관계된다. 입술 주위는 살짝 하얗게 보이는 것이 정상이다.

이렇듯 입술의 색으로 건강을 판단할 수 있는 것은 입술이 비위, 즉 우리 몸의 전반적인 소화기관의 상태와 밀접한 관련이 있기 때문이다.

입술은 비에 속하고, 비는 입을 주관한다

입술은 비에 속하니 비에 풍風이 있으면 입술이 떨리고 한寒이 있으면 들리거나 오그라들며, 열이 있으면 건조하고 갈라진다. 혈이 허하면 혈색이 없어지고, 기가 울체되면 창°이 나고 붓는다. 그러므로 입술에 병이 있으면 증상에 따라 비를 치료하는 것이 좋다.

『동의보감 외형편 2권: 구설』

한의학에서 입술은 비에 속하고, 비는 입을 주관한다. 여기서 비는 현대의학에서 말하는 비장, 즉 지라°°만을 뜻하

°   瘡. 부스럼, 종기 등 피부에 나는 질병. 심하면 고름이 생기고 짓무른다.
°° Spleen. 왼쪽 신장과 횡격막 사이에 있으며, 혈액 속의 혈구 세포를 만들거나 제거하는 데 관여한다.

지 않는다. 한의학에서 말하는 비장은 소화된 음식물로 기와 혈을 만드는, 좀 더 포괄적인 의미를 가진다.

『동의보감』에서는 다음과 같이 설명한다. "비脾는 원래 '시키다, 돕다裨'는 의미로 위장의 아래에 있으면서 위기(위장의 기운)를 도와서 음식을 잘 소화시키도록 한다", "위는 받아들이고 비는 소화시킨다."

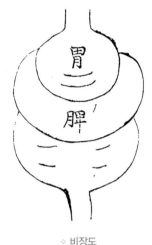

ㅇ 비장도
위부터 순서대로,
'위', '비'라고 쓰여 있다.

음양오행의 원리로 보자면, 비장(오장의 하나)은 위장(육부의 하나)과 짝을 이루는 장과 부이다. 비와 위 이 두 가지가 서로 돕는 장부의 관계를 맺어 소화에 관여하는데, 위가 음식물을 받아들이는 그릇이라면 비는 이를 실제적으로 소화시킨다.

우리가 일상생활에서 흔히 사용하는 말인 '비위가 좋다', '비위가 상하다', '비위를 맞추다', '비위에 거슬리다' 등 이렇게 비위를 묶어서 생각하는 것은 모두 한의학적 생리학에 근거를 둔 표현이다.

입의 상태로 예측하는 질병

오장육부 어느 하나 중요하지 않은 장부는 없지만, 특히 비위는 소화를 담당하는 곳이고 그로 인해 기혈을 만드는 곳이기 때문에 그 중요성이 남다르다. 그렇기 때문에 병의 예후를 볼 때도 입술을 살펴 예측할 수 있는 것이다.

예를 들어 병이 있을 때 입술이 바짝 말라도 붉은 것은, 병이 아직 깊지 않고 예후가 좋을 것으로 예상할 수 있다. 반면 색이 검은 것은 병이 위중하고 예후가 나쁘다.

또한 입술이 허옇더라도 윤기가 있으면 예후가 좋지만 입술이 허옇게 되면서 마른 뼈같이 되면 죽는다.

큰 병에 걸려도 스스로 음식을 섭취하고 소화시킬 수 있다면 체력을 회복하고 기운을 낼 수 있지만, 작은 병이라도 먹지 못한다면 병을 이겨내기 어렵다. 이것이 바로 우리가 비위를 건강하게 관리해야 하는 이유이고, 입술의 상태로 전신기혈의 상태와 병의 예후를 알 수 있는 근거이다.

무시할 수 없는 '입 냄새'

입 냄새로도 우리는 여러 병증을 예측할 수 있다. 요독증° 등 신장 질환이 있을 때는 소변과 비슷한 암모니아 냄새가 나고, 당뇨 환자에게는 아세톤과 비슷한 달고 신 냄새가 난다. 치주염이나 축농증, 편도염(특히 편도 결석이 있을 경우) 및 소화기 질환이 있을 때도 입 냄새가 날 수 있다. 그러나 전신 질환으로 인한 입 냄새는 그 병이 심각할 때 주로 나타나므로, 대부분의 원인은 구강 안에 있다.

입 냄새에는 녹차, 레몬 등이 도움이 되며 한약재로는 애엽(쑥), 생강, 소엽(깻잎) 등이 좋다. 이들 한약재는 소화 기능도 좋게 하므로, 입 안의 유해균을 없애는 동시에 소화기 질환으로 인한 입 냄새에 더욱 효과적이다.

° 요독증. 신장 기능이 극도로 약해져 소변으로 배설되어야 할 노폐물이 혈액 속에 쌓여 일어나는 중독 증세.

이의현 초상

조선 후기, 비단에 설채,
37×29cm, 일본 천리대학교

4

귀가 알려주는

당신의 나이

조선 후기의 문신이었던 이의현(1669~1745년)의 초상이다. 『조선명현초상화첩』에 수록되었으며, 현재 일본 천리대학 교가 소장하고 있다. 원래 조선 말기 세도가인 풍양 조씨 출 신으로 영의정을 지냈던 조의영이 소유하고 있었으나, 훗날 그의 증손이 일본에 귀화하면서 일본 대학의 소유가 되어버 렸다. 한편 이의현은 글을 잘 쓰고 글씨에도 뛰어난 서예가 였으며, 벼슬은 영의정까지 지냈으나 청렴하고 검소한 청백 리로 유명했다고 한다.

　초상에서는 그의 이목구비부터 이마와 미간의 주름까

지 뚜렷이 표현하고 있다. 천연두(마마)를 앓았던 흔적도 발견할 수 있다. 얼굴이 다소 진한 갈색 빛을 띠는데 반해, 분홍색의 시복°과 그 안쪽으로 목을 감싸고 있는 하얀 포가 대조를 이루어 얼굴의 특징이 더욱 두드러져 보인다. 귓바퀴의 생김새가 뚜렷하며 귓불도 두꺼운 편이다.

노화와 관련 있는 귀의 모습

『동의보감 외형편: 귀』에 "귀는 신腎과 관련된 구멍이다", "신은 귀를 주관한다"라는 말이 있다. 또한 "신장은 정精을 저장한다", "정기가 몹시 허약하게 되면 귀가 먹는다"고도 쓰여 있다. 신장의 기운은 귀로 통하므로 신장의 기가 조화로우면 귀가 모든 소리를 들을 수 있으며, 과로로 기혈이 손상되고 더불어 신장이 상하고 정기가 허약하게 되면 귀가 먹어서 들을 수 없게 된다는 뜻이다. 그래서 손으로 귓바퀴를 자주 문지르고 만져주면, 신장의 기운을 보하여 귀가 먹는 것을 막을 수 있다고 한다.

° 　時服. 관원들이 입시를 할 때나 공무를 볼 때 입던 옷.

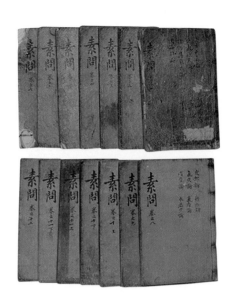

◦ 신간보주석문 황제내경소문.
국립중앙박물관. 1615년 내의원에서 간행한 『황제내경』의 주석본.

　이때 신장이라 함은 해부학적인 콩팥kidney보다 더 넓은 개념으로 정력과 생식 활동까지 포함한다. 다시 말해서, 한의학에서의 신장은 인체의 정기를 담고 있으며 노화와 가장 직접적인 관련이 있는 장기이다. 이러한 신장의 상태를 외관으로 알 수 있는 대표적인 기관이 바로 귀다. 『동의보감』에 따르면, "신장은 듣는 것을 주관하므로 청력이 좋은지 나쁜지를 보고 신장의 상태를 알 수 있다"고 한다.

또한 중국의 오래된 한의서『황제내경: 영추』°에 따르면, "귀가 높이 올라가 있으면 신장도 높이 있고, 귀가 뒤쪽 아래로 숨은 사람은 신장이 아래로 처져 있다. 귀가 단단하면 신장도 단단하고 귀가 얇고 단단하지 못하면 신장도 약하다. 귀가 제 위치에 있으면 신장이 똑바르고, 한쪽 귀가 치우쳐 높이 있으면 한쪽 신장도 치우쳐 기울어져 있다"라고 하여, 귀와 신장이 직접적으로 관계된다고 했다.

코는 폐와, 입은 비장과 관련이 있듯이 귀는 신장과 관련이 있다.

자연으로부터 코를 거쳐 폐를 통해 호흡으로 받은 기를 청기라고 하고, 입으로 음식물을 섭취하여 비장의 소화를 거쳐 받은 기를 수곡의 정기(곡기, 영양 물질을 말한다)라 한다. 즉, 우리가 살아가면서 인체의 생명활동을 유지하기 위해 필요한 기(에너지)를 얻는 통로가 바로 이 두 가지이다. 여기에 더해 부모로부터 받은 선천의 정기가 있는데, 신장은 이와 관련이 깊다. 이는 청기와 수곡의 정기에 비해, 보다 근원적인 정기를 말한다.

° 　『황제내경』은 총 18권(『소문』9권,『영추』9권)으로 구성되어 있다. 이 중『영추』는 침과 뜸, 경락에 대해 설명한다.

◇ 신사철 초상

조선 후기, 비단에 설채.
19.7×31cm, 국립중앙박물관

이토록 중요한 정기를 담고 있는 신장이기에, 신장과 연결된 귀를 살펴 병을 진단하는 방법은 '찰이', '망이', '진이'°등 여러 명칭으로 불리며 한의학에서 오랜 역사를 가지고 있다.

귀와 치매와의 관계?

그림 한 장을 더 살펴보자. 『해동진신도상』°°에 수록되어 있으며, 이의현과 동시대를 살았던 신사철(1671~1759년)의 초상이다. 정면이 아니라 약간 오른쪽을 향해 있는 좌안칠분면左顏七分面을 하고 있으며, 담홍색의 단령°°°까지 초상의 구도가 이의현의 초상과 비슷하다. 이들의 귀를 중심으로 살펴보자. 신사철은 귀가 눈썹보다 위로 솟은, 꽤 높이 올라가있는 귀라고 할 수 있으며, 귓불도 두껍지 않다. 또한 이의현과 신사철의 귀를 비교해 보면 이의현에게는 없고, 신사

철에게만 있는 귀의 특징이 있다. 이는 바로 이수耳垂 즉 귓불의 주름이다.

주로 노인들에게서 이러한 주름을 볼 수 있는데, 이제까지는 노화가 되면 자연스레 생길 수 있는 주름 정도로 간주해왔다. 하지만, 이 귓불의 주름이 뇌혈관 및 심혈관 질환을 알려주는 지표라는 흥미로운 연구결과들이 발표되고 있다. 귓바퀴에는 연골이 있지만 귓불에는 인대나 연골이 없고 세포보다 세포간 물질이 차지하는 비중이 높은 결합조직°으로 이루어져 있어서, 혈액이 부족한 것이 잘 나타난다. 그렇기 때문에 귓불에 있는 모세혈관의 혈액순환이 나빠지면 주름이 생길 수 있다.

뇌혈관의 순환이 문제가 생기면 뇌출혈, 뇌경색 등 중풍 증상이 나타날 수 있을 뿐 아니라 치매의 위험도 높아진다. 심혈관에 문제가 생기면 관상동맥경화증 및 심장마비의 가능성이 커진다.

또한 신사철의 초상에서 볼 수 있듯이 귓불의 주름이 사선으로 있을 때, 그리고 귓불 한쪽에만 주름이 있는 것보

° 결합조직(connective tissue), 결체조직, 결조직이라고도 한다. 다세포동물의 몸을 구성하는 조직의 일종으로, 여러 가지 조직·기관의 사이에서 이들을 연결하는 역할을 담당한다.

다 양쪽 모두에 주름이 있을 때 더욱 이러한 질환에 걸릴 가능성이 높다.

어느 날 거울을 보다가 내 귓불에 주름이 있는 것을 발견했다면, 뇌와 심장 건강에 대해 좀 더 주의를 기울이고 검사를 받아보는 것도 좋을 것이다.

금연과 다이어트에 활용되는 '이침'

이침요법은 귀에 침을 놓아 다양한 병을 치료하는 방법이다. 현재의 이침요법은 1956년 프랑스 의사 폴 노지에Paul Nogier가 국제침구학회에 발표하면서 시작되었다. 그는 귀의 모양이 태아가 거꾸로 있는 모습과 비슷하다는 것을 기본으로 하여, 귀의 각 부위와 인체의 다른 부분들이 서로 연관되는 대응점 즉 반사영역을 발견하였다. 대략적으로 몇 가지만 소개하자면 대이륜, 즉 귀의 가운데 부분 중 Y자 모양으로 돌출되어 있는 부위는 척추에 해당하는 곳이다. 귓바퀴와 대이륜 사이 움푹 패인 길쭉한 부분은 팔과 어깨, 이수(귓불)는 얼굴에 해당한다.

이는 귀에 많은 신경이 분포되어 있기 때문인데, 특히 금연 및 다이어트를 위한 이침이 많이 활용되고 있다.

강세황 초상

이명기, 1783년,
비단에 채색, 145.5×94cm,
보물 제590호, 개인소장(국립중앙박물관 보관)

5

손바닥을 보고

뱃속을 안다

18세기 조선의 화단을 이끌었던 문인화가이자 김홍도의 스승으로도 유명한 강세황의 초상이다. 강세황이 70세를 넘겨 기로소°에 들어갈 때의 모습으로, 정조의 명을 받아 이명기가 열흘 만에 완성한 그림이다.

강세황은 영조와 정조 시대의 문인으로, 서예의 대가이기도 했지만 그림에도 빼어났다. 풍속화의 대가인 김홍도의 스승이기도 했다. 강세황은 주로 산수, 화훼를 소재로 그림

° 耆老所. 조선시대에 나이가 많은 문신을 예우하기 위해 설치한 기구.

을 그렸으며, 한국적인 남종문인화°풍의 정착에 기여했다. 진경산수화를 발전시켰고 음영법, 원근법 등 새로운 서양화법을 수용하는 데도 업적을 남겼다. 대여섯 점의 자화상을 비롯하여 7~8여 폭의 초상화를 그렸고 인물화, 풍속화에도 관심이 높았다.

한편, 이 노화가의 초상을 그리게 된 27세의 젊은 화가 이명기도 만만치 않았다. 아버지와 장인 모두 화원 출신이었고, 북경에 가서 서양화법을 공부하기도 한 실력파였다. 초상화는 화문석 자리 위, 관복을 입고 호피의자에 앉은 강세황의 전신 모습을 담고 있다. 오른손을 무릎 위에 살며시 두었는데, 손을 옷 밖으로 드러낸 점이 특이하다. 손가락 마디의 생김새까지 자세히 표현했다.

몸 안의 음양을 두루 살필 수 있는 손바닥

『동의보감』은 이렇게 말한다. "팔 다리는 모든 양陽의

° 남종화는 북종화에 대응되는 말로, 문인들이나 사대부가 주류를 이루는 문인화와 혼용되어 남종문인화라고도 부른다. 대개 남종화는 산수화를 의미하고 문인화는 산수화 외에 사군자, 화조화 등 좀더 넓은 범위를 가리킨다.

◇ 어제魚際
감기, 비염, 편도선염 및 복통, 곽란(토하거나 설사할 때)에 활용한다.
폐 경맥에 속하여 폐질환에 기본적으로 이용할 수 있다.

근본이므로, 양이 왕성해야 팔다리가 튼튼하다. 모든 양은
팔다리에서 그 기를 받아들인다." 우리 몸에서 음양°을 나누
자면 안쪽은 음, 바깥쪽은 양이고 가운데는 음, 가장자리는
양이 된다. 손발과 팔다리는 몸통에 비해 가장자리에 있으
므로 양이 되는 것이고, 양의 부분은 그 움직임이 활발하다.
다시 손등과 손바닥을 비교해보면 손바닥은 안쪽이므로 음
이 되고, 바깥인 손등은 양이 되는데 음의 부분은 부드럽고
연약한 느낌이 있다. 손 전체는 양이지만 손등과 손바닥은

°   음양에 대해서는 맨 마지막 장에서 자세히 이야기하기로 한다.

다시 음양으로 나뉘어 음양은 계속해서 분화할 수 있는 상대적인 개념이다.

몸속의 한열 상태, 즉 열이 나는지 차가운지는 손 중에서도 손바닥을 보면 알 수 있다. 손바닥이 뜨거우면 몸 안에 열이 있는 것이며, 손바닥이 차가우면 몸 안쪽도 찬 것이다. 특히 손바닥 엄지손가락 아래 볼록한 부분은 그 모양이 물고기 같아서 어魚라 하는데, 이곳에 있는 혈자리로는 '어제'가 있다. 어제°는 손바닥의 흰 피부와 손등의 좀 더 짙은 피부와의 경계 부위를 뜻하는데, 그것이 마치 물고기 등과 배의 색이 나뉘는 부분과 비슷해서 붙여진 이름이다. 이 부분이 푸른빛을 띠면 위장관에 찬 기운이 있는 반면, 이 부분이 붉으면 열이 있음을 나타낸다.

조선시대 왕들의 상당수가 극심한 스트레스에 시달린 나머지 심열°°이 있었는데, 이때도 역시 손바닥에 열이 있는 증상이 나타났다. 중종의 경우, 혀가 갈라지고 입이 마르고 손바닥에 번열이 있었는데 점점 더욱 심해져 호흡이 급하고 대변은 건조해졌다. 그의 아들인 인종은 눈동자가 술 취한

° 　어제(魚際)라는 한자에서 제(際)는 가장자리라는 의미다.
°° 　心熱. 심장에 생긴 여러 가지 열증. 심기(心氣)나 심화(心火)가 왕성해서 생긴다.

사람처럼 시원히 뜨지 못하고 손바닥이 매우 더운 증상이 있었는데, 당시 의사인 내의°는 더위에 상한데다 정신을 지나치게 써서 심열하는 증세가 생겼다고 진단했다.

손의 두께가 두툼하고 단단한 사람은 정기와 활력이 왕성한 반면, 손바닥에 탄력이 없어 연약하고 두께가 얇은 사람은 몸이 약한 편이다. 이때 단단한 것은 딱딱하게 굳은 느낌과 다른데, 손바닥에 살이 없고 뻣뻣하게 굳은 것은 특히 소화 기능이 약한 것을 의미한다. 손바닥이 자주색을 띠면 혈액순환이 좋지 않고, 진한 붉은색이면 심화가 있는 것으로 마음속에 울화가 있어서 가슴이 답답하거나 어지러움을 느낄 수 있다. 적당히 단단한 느낌을 주고 부드러우며 담홍빛의 살집이 있고 윤기와 탄력이 있는 손바닥은 체질이 건강하고 생기가 충만함을 보여준다.

일반적인 초상화와는 다른 승려의 초상화

다른 한 장의 그림을 살펴보자. 임진왜란 때 나라를 구

°   조선 시대 내의원에 속한 의관.

◇ 사명대사 진영˚
1796년, 삼베에 채색, 122.9×78.8cm,
동화사 성보박물관, 보물 제1505호.

한 승려로 유명한 사명대사(1544~1610년)의 초상화다. 의자에 가부좌를 틀고 앉아 있어 발은 보이지 않으며, 손에는 불자(먼지떨이)를 잡고 있는데 불자는 마음의 먼지 즉 번뇌를 털어낸다는 의미를 담고 있다. 사명대사의 진영은 동화사뿐 아니라 은해사, 봉정사 등 10여 군데에서 찾아볼 수 있는데, 대구 동화사에 소장된 이 초상이 우리나라 사찰에 있는 진영 중 가장 시대가 빠르다고 한다. 그럼에도 불구하고 모두 사명대사 생전에 그린 초상화는 아니기 때문에 그의 실제 모습을 담았다고 보기는 어렵다.

승려들의 초상화에는 다른 초상화와는 구별되는 특징이 있다. 일반적인 초상화에서는 손이 옷에 가려져 있어 잘 보이지 않는데 반해, 신라시대의 의상대사, 사명대사의 스승인 서산대사 등 승려들의 진영을 보면 유독 다양한 손의 모습이 많이 묘사되어 있다.

○   眞影. 주로 얼굴을 그린 초상화 또는 얼굴을 찍은 사진. 불교미술에서는 선승의 초상화를 의미한다.

손가락과 손톱으로 보는 몸의 건강

손가락 끝은 우리 몸의 기운이 흐르는 경락의 시작이자 끝으로, 서로 다른 경락이 만난다. 그 색이 붉고 윤기가 있으며 손끝까지 힘이 있는 것은 기혈 순환이 원활히 이루어지고 있음을 의미한다. 손가락 끝이 희고 창백하면 기혈이 부족하여 사지 말단까지 영양 공급이 잘 안 되는 것이고, 어둡고 자주색이면 어혈이 있는 경우가 많은데 이 역시 기혈의 순환이 나쁜 것이다. 어혈이란 혈액순환이 잘 되지 않아 혈액이 정체되면서 노폐물이 많아져 생기는 증상이다. 여성의 경우, 월경 시 생리혈의 색이 어둡고 덩어리가 울컥 나오는 것이 대표적인 어혈의 예다.

또한 손톱을 관찰하면 여러 병증을 판단하고, 병의 예후를 예측할 수 있다. 손톱에는 혈관과 말초신경이 풍부해 기혈의 흐름이 왕성하기 때문에, 몸 속에 있는 장부의 상태를 밖에서 알기에 좋다. 손톱을 눌렀을 때 하얗게 변하고 떼면 붉은색으로 다시 돌아오면, 이는 기혈이 잘 흐르는 것을 의미한다. 그러나 떼었을 때 바로 혈색이 돌아오지 않으면, 비록 가벼운 병일지라도 예후가 나쁘다. 현대의학에서도 손톱에 있는 모세혈관을 확대, 검사하는 과정을 통해 우리 몸의 미세한 순환의 변화를 알아낸다. 주로 류마티스 질환을 진단하거나 레이노병° 등 말초순환 장애, 자율신경계 조절 이상 등을 관찰하는데, 최근에는 전신질환인 당뇨병, 고혈압에도 활용한다.

한편 『동의보감』에서는 간의 상태가 손톱에 나타난다고 설명한다. 손톱이 움푹 패어 중앙부가 주위보다 낮게 들어가 있고 말랐으면 간혈이 부족한 것으로, 간의 기능이 좋지 않아 쉽게 피로해진다. 일반적으로 손톱이 누런색이면 간 기능이 떨어진 것으로 대부분 황달형 간염이지만, 만성 출혈성 질환이거나 당뇨병일 때도 있다. 손톱에 흰 반점이 있는 것은 간질환이나 신장병으로 인한 영양부족일 때가 많다. 손톱 아래가 대부분 희고 손의 끝 부분만 붉은빛이 조금 나타나는 것은 간경화의 가능성이 있다.

° 추운 곳에 있거나 찬물에 손발을 담글 때 또는 정신적인 스트레스 등에 의해 손가락, 발가락, 코나 귀 등의 끝부분이 혈관수축 되어 혈액순환 장애를 일으키는 병.

더 읽을거리

'손톱'이 알려주는 눈의 건강

서울성모병원 안센터 교수팀이 2011년 10월 미국안과학회지에 게재한 논문에 따르면, 녹내장의 허혈성 병인은 손톱 모세혈관의 이상과 관련이 있다.

녹내장은 우리나라 실명 원인 1위로 알려진 질환으로, 보통 녹내장은 안압이 높아서 발생한다고 생각하지만, 우리나라 녹내장 환자의 80%는 안압이 정상(10~21mmHg)이다. 이 경우, 시신경으로 가는 혈액 순환이 잘 안 되어 시신경유두에 허혈º이 생겨 녹내장이 발생할 때가 많다. 시신경유두ºº는 망막 위의 시신경이 모여 안구의 바깥으로 나가는 지점으로 이는 뇌로 연결된다.

류마티스 내과와 협진해 108명의 녹내장 환자와 38명의 정상인 대조군을 조사한 결과 녹내장 환자 중 55.6%(60명)는 손톱의 모세혈관이 확장되었다. 35.2%(38명)는 모세혈관이 소실됐으며, 19.4%(21명)에서는 출혈이 나타났다.

º   혈관이 막히거나 줄어들어서 생기는 증상.

ºº   망막에 분포한 시세포의 흥분을 대뇌로 전달하는 시신경이 모여서 나가는 곳이지만, 시세포가 없어서 물체의 상이 맺히지 않아 '맹점(blind spot)'이라고도 부른다.

이 중에서 특히 녹내장 환자의 시신경유두 출혈은 손톱 모세혈관의 소실 혹은 출혈과 관계가 깊다. 시신경유두 출혈이 있으면 손톱모세혈관이 소실될 가능성이 정상에 비해 11배, 손톱모세혈관의 출혈이 있을 가능성은 81배나 높았다.

정상안압을 가진 녹내장 환자는 손발이 차거나 말초기관에 레이노 현상이 있는 특징이 있다. 이러한 녹내장 환자의 허혈성 병인을 손톱모세혈관 검사라는 간단한 방법을 통해 조기에 발견, 치료할 수 있게 된 것이다.

앞서 『동의보감』에서는 손톱을 통해 간의 상태를 알 수 있다고 했는데, 또한 간은 눈 건강과 관계가 깊다.° 이처럼 한의학에서 오랫동안 간 건강의 지표로 사용되어 온 손톱과 눈과의 연관성이 현대의 연구 결과를 통해 다시 한 번 증명되고 있다.

°   간과 눈의 관계는 2장의 첫 번째 글인 「간 혈액을 조절하다」에서 자세히 다루도록 한다.

서직수 초상

김홍도, 이명기, 1796년, 비단에 채색.
148.8×72.4 cm, 국립중앙박물관

6

건강하려면

발을 만져라

두루마기에 동파관°을 쓴 평상복 차림의 한 선비가 두 손을 모으고 점잖게 서 있다. 서직수(1735~1822년 이후)의 초상화는 그의 나이 62세에 제작된 것으로, 초상화로는 드물게 서 있는 모습을 그렸다. 화폭 오른쪽 위의 글귀를 보면, 이명기가 얼굴을 그리고 김홍도가 몸체를 그린 합작임을 알 수 있다. 얼굴의 점, 검버섯, 주름까지 세밀하게 묘사했으며, 눈의 흰자위와 대비되도록 눈동자의 경계에 진한 선을 그려 표

°   사대부가 평시에 쓰던 관.

현한 유학자의 눈빛이 고요하지만 강렬하다. 검은 동파관과 넓은 소매 아래까지 내려온 가슴의 세조대°, 도포자락 아래 하얀 버선발의 흑백 대조도 인상적이다. 당시 왕(정조)의 어진을 그린 화가의 솜씨가 잘 드러나는 수작이지만, 막상 당사자인 서직수는 자신의 정신을 제대로 그려내지 못했다며 못마땅하게 여겼다고 한다.

그런데, 우리가 이 초상화에서 주목할 것은 다름 아닌 발이다. 우리나라 초상화의 대부분은 앉아 있는 모습을 그렸기 때문에 이처럼 발이 옷에 가리지 않고 온전히 보이게 서 있는 모습은 찾기 힘들다.

나무에 뿌리가 있듯, 사람은 발이 있다

"사람은 발이 있고, 나무는 뿌리가 있다. 나무가 고사할 때는 먼저 뿌리가 메마르고, 사람이 늙을 때는 발이 먼저 노쇠한다"라는 말이 있다. 발은 수많은 경락이 존재하는 곳이며, 이에 따라 어떤 장부나 기관에 문제가 생기면 발에 반

° 　도포나 전복, 창의에 착용하는 가느다란 띠.

◇ 용천湧泉
발바닥 길이를 3등분한 앞 부위의 중심
용천(샘물이 솟는다)이라는 이름처럼, '기운이 샘솟는 혈자리'라는 의미가 있다.

응이 나타난다. 중국 고대 의학서인 『중의경전』에서는 발을
'제2의 심장'으로 지칭하며, 발의 중요성을 강조하기도 했다.

혼례식에서, 첫날밤을 치르기 전 새신랑의 발바닥을 방
망이나 북어 등으로 때리는 것도 발이 원기의 총집합점이기
때문이다. 특히 발바닥 중 오목한 곳에 있는 '용천'은 신장
경락의 첫 번째 혈자리로, 신장은 비뇨생식 및 성 기능과 관
련이 깊다. 이 밖에도 용천혈은 의식 장애, 조울병, 고혈압,
두통, 어지러움, 두근거림 등 각종 신경정신질환 및 응급시

에 활용할 수 있다.

1998년 원광대 한의대 연구팀에 따르면, 용천혈에 침을 놓은 후 혈압이 감소하고 국소 뇌혈류량이 증가한 동물실험결과를 얻었다. 용천혈 부위에 혈관과 신경망이 풍부하게 분포되어 있는데, 이를 통해 심장과 뇌에 자극이 전달된 것이다. 이보다 전에 이루어진 1993년 중국 시안 의과대학의 연구에서도 용천혈을 자극하면 척수의 신경전달 기능이 강화되고, 진통과 관련된 뇌 부위가 활성화되는 것을 확인했다. 2004년 '용천의 전침° 자극이 EEG°°의 변화에 미치는 영향'에 관한 논문에서는 용천 혈자리를 자극하면 자율신경계와 각성 작용에 영향을 줄 수 있다고 고찰했다.

서양에서는 발의 각 부분들이 인체 각 기관의 건강상태를 반영할 수 있다는 족반사학 Foot Reflexology (발반사요법)이 근대부터 발전해왔다. 특히 발바닥에는 반사신경이 많이 모여 있어, 병의 진단 및 치료에 이용할 수 있다. 이러한 반사구 reflex zone는 몸에서도 특히 손발에 밀집되어 있으며, 그 중에서도 발의 반사구는 손의 반사구보다 민감하다. 그렇기 때문

° 전기침. 침을 2대 이상 꽂고 침 자루에 약한 전류를 통과시켜 침 자극과 함께 전기 자극을 주는 자침요법.

°° EEG (electroencephalogram). 뇌의 활동에 따라 일어나는 전류를 기록한 것.

에 테니스공이나 골프공 등을 밟으면서 발바닥을 마사지하는 것은 발뿐만 아니라 온몸 구석구석에 영향을 미쳐 건강에 도움이 된다.

발이 붓는 것은 신장과 심장이 원인

발이 붓는 양상으로도 내 몸의 문제점을 알 수 있다.

부종은 그 원인이 다양하지만, 신장과 심장 기능이 나빠진 경우가 많다. 발끝부터 붓기 시작하여 무릎 위로 올라가는 것은 대부분 심장 기능이 약해진 것으로, 울혈성 심부전° 등으로 심장이 안 좋을 때는 낮은 부위(서 있을 때의 발, 누워 있을 때의 엉덩이)가 유독 잘 붓는다. 발과 얼굴이 모두 붓는 것은 신장병의 징조로 볼 수 있는데, 신부전 등 신장이 안 좋을 때는 온 몸이 전체적으로 붓는다.

갑상샘 기능 저하증으로 부종이 생기는 점액수종°°은 주로 눈꺼풀과 다리가 붓는다. 다른 부종과 달리 눌렀을 때

° 심장에서 혈액을 배출하는 기능이 떨어지는 질환. 심장 질환 중 부종을 유발시키는 가장 대표적인 질환.

°° 피부 진피 속에 점액이 쌓이면서 피부가 붓고 단단해지는 증상.

피부가 움푹 들어가지 않는 특징이 있으며, 심하면 얼굴, 손발, 혀, 목의 안쪽까지 부을 수 있다.

이 밖에 관절염약, 진통소염제, 항암제, 스테로이드, 일부 혈압약 등 약물로 인해 붓기도 하는데, 주로 하지부종으로 나타난다. 이 때 환자들은 발등과 발목이 코끼리처럼 부어올라 양말을 신으면 그 부분이 움푹 팬다고 호소한다.

손발이 차거나 뜨겁다면?

한의학에서 손발이 찬 증상은 '한궐', 뜨거운 증상은 '열궐'이라 한다. '궐厥'이란 '기가 위로 솟아 거슬러 올라가는 것'인데, 모두 아래쪽 하체에서부터 시작된다. 한궐로 싸늘해질 때는 발가락부터 시작하여 무릎으로 올라가며, 열궐 역시 발가락에서 시작되어 발바닥을 거쳐 위로 올라간다.

손발이 차거나 뜨거운 증상은 모두 신장의 기운이 쇠약해져서 생기며, 이 때 신장은 성생활은 물론 인체의 정력과 정기를 모두 포함한다. 우리는 보통 손발이 찬 것은 걱정하지만, 뜨거운 것은 건강하다는 증거로 생각한다. 그러나 『동의보감』에서는 손발이 뜨거운 것은 위병痿病 때문에 생길 수도 있다고 경계하며, 다음과 같은 일화를 소개한다.

어떤 사람이 복사뼈에서부터 그 아래가 늘 열나는 것같이 느껴져 겨울에도 버선을 신지 못했다. 그러나 그는 늘 "나는 본래부터 몸이 건강하기 때문에 찬 것을 무서워하지 않는다"고 말했다. 의사°가 그에게 "족삼음경°°(간, 비장, 신장 경락)이 허약하니 성생활을 하지 말고 음혈陰血을 보하여 낫게 하기를 바란다"고 조언했다. 그러나 그는 웃으면서 대답도 하지 않았다. 그러다가 50살도 안 되어 위병에 걸려 반 년 만에 죽었다.

여기서 위병이란, 팔다리가 늘어지고 약해져 움직일 힘이 없어지는 증상을 말한다. 이는 마치 가을에 풀과 나뭇잎이 시들어 떨어지듯 마르는 것을 뜻한다. 이 밖에도 말초신경에 손상이 있는 당뇨, 만성 신장병 및 하지정맥류 등 다리와 발에 혈액순환이 잘 안될 때 이렇게 발이 뜨거워질 수 있다.

° 중국 금·원대의 의원 주진형을 말한다. 식욕과 색욕을 절제하여 보양할 것을 주장하였다. 임상 치료에 있어, 음정(陰精)을 자양하여 허화(虛火)를 없애는 자음강화(滋陰降火)를 잘 사용했다.

°° 족삼음경은 족태음비경 · 족궐음간경 · 족소음신경을 말한다. 모두 발에서 시작되어 다리 안쪽으로 올라가는 3개의 음경맥을 뜻한다.

건강하려면, 발을 만져라

늘 혹사당하고 더럽다고 무시하기도 하지만, 발을 자주 만져주고 관리해주는 것은 건강에 매우 좋다. 발가락 사이 사이에 손가락을 끼워 넣어 벌려주어 순환을 돕는 것도 좋고, 발등에서 발허리뼈° 사이를 눌러주는 것도 도움이 된다. 엄지와 검지 발가락 사이는 간 경락(태충 혈), 검지와 셋째 발가락 사이는 위 경락(함곡 혈), 넷째와 다섯 번째 발가락 사이는 담 경락(족임읍 혈)이 지나 특히 스트레스 해소와 소화에 좋다. 복사뼈와 아킬레스건 사이 오목한 양쪽 부분을 만져주면 발목을 튼튼하게 해줄 뿐 아니라 비뇨 생식기 및 뇌혈류 순환에 도움이 된다. 안쪽 복사뼈 쪽 혈자리는 신장 경락인 태계, 바깥쪽 복사뼈 쪽 혈자리는 방광 경락인 곤륜이다. 이 중 방광경은 우리 몸의 뒤쪽을 중심으로 발끝부터 머리 끝까지 이어져 있어, 곤륜 혈을 자주 만져주면 만성적인 어지럼증과 두통 증상을 완화시킬 수 있다.

° 발목뼈와 발가락뼈 사이에 있는 다섯 쌍의 발뼈.

'족욕'의 주의사항

발의 순환이 안 좋을 때, 족욕은 간단하지만 효과적인 방법이다. 발이 차거나 부종이 있을 때뿐 아니라 평소에도 전신 순환에 도움이 된다. 오장육부에 관계된 경맥 중 발에는 간담(간과 쓸개), 비위 경락이 지나 소화를 도와주며, 신장과 방광 경락이 지나 비뇨 생식 기능에도 좋다. 밤에 잠자리에 들기 전에 족욕을 하면 마음을 안정시켜 숙면을 취할 수 있다. 다만 상체에 화열이 많은 체질이거나 체기가 있어 쉽게 가슴이 답답하고 머리가 어지러운 사람들은 다음 몇 가지를 주의해야 한다.

① 물은 너무 뜨겁지 않게 체온보다 약간 높은 정도로 한다.

② 따뜻한 물에 종아리가 다 잠기는 것보다는 복사뼈 위로 3cm 가량 올라오는 것이 낫다.

③ 15분을 넘지 않게 5~10분 정도만 하는 것이 부담 없다.

④ 족욕 도중 속이 답답해지고, 두통 혹은 어지러움이 느껴지면 즉시 중지하고 편하게 누워 안정을 취하도록 한다.

최익현 초상(모관본)

채용신, 1905년, 비단에 채색,
51.5×41.5cm, 보물 제1510호,
국립중앙박물관

7

건강을

가늠하는 척도, 털

"내 목을 자를지언정 머리칼은 자를 수 없다"고 주장했던 위정척사°의 대표자이자 구한말의 우국지사인 최익현(1833~1906년)의 초상화이다.

이 초상화의 오른쪽 위쪽에는 '면암 최선생 74세 초상 모관본'이라 쓰여 있는데, 모관毛冠이란 털모자다. 털모자를 쓴 유학자의 초상화라니 왠지 격식에 맞지 않아 어색한 느낌

° 바른 것(정도, 성리학)을 수호하고, 사악한 것(이단, 사학)을 배척하자는 유교적 정치윤리사상.

◇ 운낭자초상(부분)

채용신, 1914년, 종이에 담채, 62×120.5cm, 국립중앙박물관
기녀이자 우국지사인 최연홍의 27세 때 모습을 상상하여 그렸다.

도 든다. 화가인 채용신(1850-1941년)은 최익현과 인연을 맺
으면서 많은 우국지사의 초상화를 그렸다. 이 초상화는 최익
현의 생존 시에 그려진 유일한 것으로, 털모자에 다소 두툼

해 보이는 옷을 입은 최익현의 초상은 의병장으로도 활동했던 그의 강직한 모습을 보여준다. 꾹 다문 입매에서 평생 불의에 맞서 싸웠던 그의 고집과 강인한 성품이 잘 드러나 있다. 다만, 숱이 적고 하얗게 센 콧수염과 턱수염은 일본군에 의한 체포를 비롯한 말년의 고초를 짐작할 수 있게 해준다.

옛날 우리 조상들은 초상화를 그릴 때, '터럭 하나라도 같지 않으면 다른 사람이다'라고 생각했다. 그 작은 털 한 가닥이라도 실제 인물과 다르게 그리면 그 사람이 아니라고 할 만큼 정확히 그렸다는 증거이다. 수없이 많은 선으로 윤곽과 명암을 집요하게 묘사한 이 초상은 모관의 털은 물론 코와 턱의 수염과 눈썹에 대한 묘사 역시 그에 못지않게 탁월하다.

건강한 털, 건강하지 못한 털

얼굴의 다른 부위처럼, 얼굴 위의 털 역시 몸의 건강을 말해주는 척도로 기능한다. 건강한 눈썹은 너무 가늘지 않고 어느 정도의 굵기를 가지며 색이 짙고 길다. 광택과 윤기가 나는 것이 좋다. 눈썹이 진한 사람은 강한 체질인데 반해,

숱이 적고 듬성듬성 난 사람은 약하고 정력도 떨어지는 편이다. 이 때 정력이란 남성의 성 능력에 국한되는 것이 아니라 인체의 정기, 에너지를 아우르는 의미이다.

머리카락이 유연하지 못하고 뻣뻣하며, 색이 누렇고 윤기 없이 푸석푸석한 것 역시 정기가 약한 것이다. 한의학에서는 머리카락을 '혈액의 여분, 나머지'라고 하는데 이는 혈액(피), 그리고 영양이 머리카락과 밀접한 관계가 있음을 나타낸다. 그래서 나이가 젊음에도 불구하고 다이어트를 심하게 하면 그 후유증으로 머리카락이 메마르고 푸석해지며, 심하면 탈모가 생기기도 한다.

실제로, 머리카락의 주성분은 케라틴이라는 단백질이며, 그밖에 아연, 구리, 마그네슘 등의 원소가 미량으로 포함되어 있다. 머리카락에는 수많은 인체의 정보가 담겨 있어 유전자 DNA 검사°, 마약 검출 검사°°, 중금속 검사에 이르기까지 다양한 검사를 할 수 있다. 머리카락 속에 든 이러한 원소의 함량을 측정하여 질병을 진단하기도 한다.

머리털은 심장에, 눈썹은 간에, 턱수염은 신장에

한의학에서는 머리털과 눈썹, 턱수염을 주관하는 장부가 각기 다르다고 생각한다.

머리털은 심장에 속하는데 머리털이 위로 향하여 나오는 것은 화火의 기운을 받기 때문이고, 눈썹은 간에 속하는데 가로로 향하여 나오는 것은 목木의 기운을 받기 때문이다. 턱수염은 신장에 속하는데 아래로 향하여 나오는 것은 수水의 기운을 받기 때문이다. 그러므로 늙어서도 턱수염만 희어지고 눈썹과 머리칼이 희어지지 않거나 머리칼만 희어지고 눈썹과 턱수염이 희어지지 않는 것은 오장 중에서 일부분만 성해졌거나 쇠약해진 것으로 판단할 수 있다.

여기서 신장의 기운이 약하다는 것은 꼭 콩팥에 직접적인 병(신장염, 신부전 등)이나 안 좋은 증상이 있다는 의미는 아니다. 한의학에서 말하는 질병의 개념은 장부의 기능이 약해져서 전체적인 균형과 조화가 깨진 상태를 말한다. 즉, 오장육부 사이의 관계를 볼 때 간이나 심장에 비해 상대적으로 신장으로 향하는 흐름이 원활하지 못해 기의 소통이 좋지 않다는 의미이다. 조금 더 쉬운 예를 들어보자. 우리는 가끔 자다가 다리가 저려서 깰 때가 있다. 그렇다고 지금

당장 다리에 무슨 병이 있는 것은 아니다. 단지 다리 쪽으로 기운이 잘 안 통하고 혈액순환이 안 되서 나타나는 현상이다. 물론 이런 증상이 잦아지고 오래되면 병리적인 증상이 나타날 수 있다. 무릎이 아프거나 발목이 자주 삔다거나 족 저근막염, 하지정맥류가 생길 수도 있다.

또한 한의학에서는 세상 만물을 다섯 가지로 나누어 생각하는데, 이를 오행이라고 한다. 간·심·비·폐·신·오장을 목화토금수에 연결시키는 것을 예로 들 수 있다. 오행은 이 책 마지막 장의 「일월오봉도 속 음양오행의 원리」에서 자세히 설명하기로 한다.

여자에게 '수염'이 나지 않는 이유

여자에게 수염이 나지 않는 이유는 뭘까? 일반적으로, 남녀 성호르몬의 차이 때문으로 볼 수 있다. 그러나 앞에서 이야기한 내용과 연결 지어보면 다른 관점으로 생각할 수도 있다.

『동의보감』에서는 이를 아래와 같이 설명한다.

수염은 신장에 속한다. 남자의 신기(신장의 기운)는 위로 가서는 턱수염이 되고 아래로 가서는 고환이 된다. 반면 여자와 고자(생식 기관이 불완전한 남자)는 고환이 없고 수염도 없다. 그러나 이들도 남자와 마찬가지로 눈썹과 머리털은 있다. 눈썹은 간에, 머리털은 심장에 속하기 때문이다.

우리 몸의 속을 들여다보다

친구가 근심 걱정이 많아 속상해 할 때 "너 계속 그 생각하다가, 오장육부 다 썩겠다"라고 말하고, 화가 나고 분통이 터질 때 "그 얘길 들으니, 오장육부가 뒤집힌다"라고도 표현한다. 원래 오장육부는 내장을 통틀어 이르는 말이지만, 여기서는 속마음을 의미한다. "배알이 뒤틀린다" 할 때의 배알과 비슷한 쓰임새로, 배알 역시 창자를 비속하게 이르는 말이지만, 속마음을 뜻하기도 한다.

그렇다면 구체적으로 오장은 무엇이고, 육부는 무엇일까?

오장은 5개의 장(간 심장 비장 폐 신장)을, 육부는 6개의 부(위, 대장, 소장, 쓸개, 방광, 삼초°)를 말한다. 한의학에서 오장은 기혈과 정기를 저장할 뿐 아니라 정신까지 관계된 실질적인 장기로 본다. 반면, 육부는 음식을 소화 흡수, 영양분을 운반하는 통로 역할을 담당하는 기관으로 여긴다. 또한, 표에서 보다시피 장과 부는 인체의 구성하는 조직과 얼굴의 부분 그

° 상초·중초·하초로 나눈다. 기혈 순환을 촉진하며 음식물을 소화시켜 영양 물질을 온몸에 운반한다.

리고 감정까지 연관이 된다.

오장과 오부는 각각 짝을 이룬다. 짝이 없는 삼초는 심포락°과 관계가 있는데, 이것까지 합치면 육장육부가 된다. 여기서는 우리 몸의 실질적이고 중요한 장부인 오장을 위주로 이야기하기로 한다.

오장	간	심장	비장	폐	신장
오부	담	소장	위	대장	방광
인체	근 (힘줄,인대/근육)	맥 (혈관)	육 (살/근육)	피부	뼈
오관	눈	혀	입	코	귀
감정	분노	기쁨	생각	슬픔	공포/두려움

° 심장의 겉면을 둘러싸고 있는 막과 그에 부착된 낙맥을 통틀어 이르는 말.

신부연석(기산풍속화첩)

김준근, 19세기,
종이에 채색, 31.0×38.7cm, 개인 소장

1

간

혈액을 조절하다

〈신부연석〉은 시어머니가 며느리에게 베푸는 연석宴席(잔치를 베푸는 자리)을 그린 것으로 혼례식을 마친 신부가 시부모님께 폐백을 드린 후 큰상을 받는 모습을 담고 있다. 병풍으로 둘러싸인 네 명의 여인 중 제일 오른쪽에 앉은 사람이 신부이며, 화면 위쪽에 나란히 앉은 두 여인 중 오른쪽 여인은 시어머니, 왼쪽 여인은 시아버지의 첩인 듯하다.

　이 풍속화의 작가 기산 김준근은 1880년대부터 1900년 초기 개화기에 활동한 화가로 주로 서양인을 고객층으로 하여 조선의 풍속을 보여주는 그림을 많이 그렸다. 미지의 나

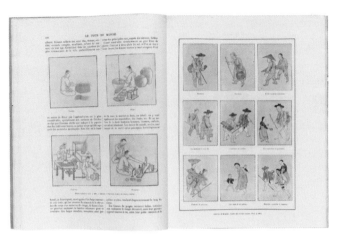

◇ 르 투르 드 몽드Le Tour de Monde
조선 관련 기사와 함께 김준근의 그림이 수록되어 있다. 국립중앙박물관

라였던 조선과 한국인의 삶의 모습을 보여주는 풍속화가 당
시 서양인들에게 인기였기 때문이다. 그의 그림은 네덜란드
라이덴 국립박물관, 독일 함부르크민속박물관, 프랑스 기메
동양박물관 등 국내보다 해외에 더 많이 소장되어 있다. 또
한 2019년 3월 케이옥션에서는 그가 그린 풍속화첩인 『기산
풍속도첩』이 1억 6,000만 원에 경매에 올라 2억 7,000만 원
에 낙찰되기도 했다.

그가 서양인을 위한 그림을 많이 그렸다는 것은, 곧 그
의 그림 속에는 현재를 사는 우리의 눈길을 끌 만한 요소가

많다는 것을 의미한다. 현대 한국인들은 서양문물에 익숙한 나머지, 그가 활동하던 당시의 조선인보다는 오히려 서양인의 시선에 가깝기 때문이다. 〈신부연석〉이라는 이 그림 속에서도 지금은 다소 낯설게 느껴질 전통혼례의 상세한 모습과, 당대의 음식, 기물들에 대한 묘사가 상세하다. 혼례식이라는 날과 폐백이라는 행사에 맞춘 화려한 의복과 다소 창백해 보이는 얼굴화장, 그리고 곱게 찍은 연지곤지의 모습까지 생생히 우리의 눈앞에 펼쳐져 있다.

입술에 연지 찍듯, 내 몸에 약을 쓰듯

예전에는 신부가 시집갈 때 연지곤지를 찍는다고 했다. 화장할 때 입술이나 뺨에 찍는 붉은 빛깔의 염료를 연지, 이마에 한가운데에 동그랗게 찍는 것을 곤지라고 한다. 연지는 '자줏빛을 띤 빨간색 또는 그런 색의 물감'을 뜻하기도 하며, 입술연지는 현대의 립스틱과 같은 말이다. 이 때 연지를 만드는 재료로는 잇꽃 또는 주사°가 쓰였다. 잇꽃의 꽃잎을

°   주사에 대해서는 4장, 「단오절에 만나는 한약재들」에서 다시 다루기로 한다.

◦ 잇꽃

빻아 체에 걸러 빨간 색소를 분리시켜 만드는데, 가루로 사용하거나 둥근 환으로 뭉쳐 두었다가 필요할 때마다 기름에 개어 발랐다고 한다.

잇꽃의 다른 이름은 홍화이다. 홍화에는 어혈을 없애는 효능이 있어, 넘어지거나 부딪혀서 다쳤을 때나 폐경·월경 곤란 등의 부인과질환에 많이 사용해왔다. 홍화씨에서 기름(종자유)을 짜서 먹기도 하며, 그 기름을 태운 그을음으로 만든 홍화먹은 고급 먹으로 인정받는다.

홍화는 간과 심장 경락에 작용한다. 이를 귀경歸經이라

고 하는데, 한의학에서 어떤 약재의 특성을 이야기할 때 그 약재가 작용하는 특정 경맥과 장부를 뜻한다. 홍화를 약으로 먹는다면 그것이 온 몸에 고루 작용하는 것이 아니라 선택적으로 간과 심장에 작용한다고 생각한 것이다. 예를 들어, 기침에 좋은 길경은 귀경이 폐이고, 가슴이 두근거리거나 잠을 못잘 때 사용하는 산조인의 귀경은 심장이다. 이렇듯 약재의 귀경은 임상 경험을 바탕으로 어떤 약재가 어느 장부와 경맥에 치료 효과가 있는지 살펴 정한 것이다.

현대의학으로 풀어보는 한의학에서의 간의 역할

홍화는 어혈을 없애고 혈액 순환을 촉진하며, 동맥경화증의 예방과 치료 및 콜레스테롤을 낮추는 약의 원료로 쓰인다. 홍화의 귀경은 간과 심장이다. 심장은 끊임없이 펌프질을 하여 혈액을 순환시키는 기관이므로, 혈액 순환과 심장의 관계는 금방 이해할 수 있다.

그렇다면, 홍화의 효능인 혈액순환과 홍화의 또 다른 귀경인 간과는 무슨 관련이 있을까? 간은 콜레스테롤을 합성하며, 콜레스테롤 외에도 인지질 등 지방의 대사에 관여

한다. 흔히 나쁜 콜레스테롤이라 불리는 LDL° 콜레스테롤이 높으면 혈관에 쌓여 혈액 순환이 나빠지므로, 간이 콜레스테롤 대사에 작용함으로써 혈액순환에 영향을 끼친다고 생각할 수 있다. 하지만 한의학에서 간은 이 이상의 의미를 가지는 장부이다. 그 중심에는 '간장혈'이 있는데, 글자 그대로의 뜻은 '간이 혈액을 저장한다'이다.

현대 의학에서 혈액저장소의 역할을 하는 곳은 오히려 심장과 비장, 그리고 혈관이다. 비장은 적혈구와 림프구를 만들고 저장하였다가 필요할 때 수축하면서 저장 중인 혈액을 내보낸다. 또한 우리 몸을 순환하고 있는 순환혈액량의 약 60%는 정맥계, 즉 혈관에 있다.

'간장혈' 즉 간과 혈액의 관계를 알기 위해서는 간의 구조, 특히 간과 연결된 혈관부터 살펴볼 필요가 있다.

간에는 다른 장부와는 달리 혈액을 공급받는 2개의 혈관이 있어, 정맥까지 합치면 총 3개의 혈관이 관여한다. 정맥과 동맥 이외에 문맥이라는 특수 혈관이 있는데, 이는 소장에서 흡수된 영양소가 간으로 들어가는 길이다. 위장관에

° Low density lipoprotein. 저밀도 지방단백질. 정상 LDL 콜레스테롤 수치는 130mg/dL 미만이다.

서 소화, 흡수된 대부분의 영양물질이 심장으로 들어가 온 몸으로 퍼지기 전에 간에 한 번 들르는 것이다.

이렇게 간은 간동맥과 문맥 2개의 혈관으로부터 혈액을 공급받는데, 반이 넘는 양인 3/4을 문맥으로 받고, 나머지 1/4을 동맥을 통해 받는다. 문맥혈의 산소함유량 또한 높아 간에 필요한 대부분의 산소도 문맥으로 받는다.

소화기관에 의해 소화·흡수된 영양소는 문맥을 통해 간 으로 들어와 해독의 과정을 거치는 한편, 간은 이 영양소를 사용하여 물질대사의 중심적인 역할을 담당한다. 즉, 영양물 질을 분해·합성하여 생명 유지에 필요한 물질을 생산, 저장, 전환하는 인체의 가장 큰 화학공장으로 볼 수 있다. 간은 생 물체의 영양에 가장 중요한 3대 영양소(탄수화물, 단백질, 지방) 뿐 아니라 비타민, 무기질의 대사를 조절한다. 또한 이러한 영양분을 저장하거나 내보내는 것을 조절하여 혈액 속에 항 상 일정한 양의 영양분을 유지하도록 한다. 이 밖에도 혈당 및 여러 호르몬 조절, 근육 기능에 필요한 에너지 저장, 지방· 혈장단백질·요소 합성, 아미노산 분해, 지혈에 필요한 혈액응 고인자 생성 등 혈액과 관여해 간이 하는 일은 수없이 많다. 이러한 측면에서 본다면, '간이 혈액을 저장하고, 순환하는 혈 액량을 조절한다'는 한의학 내용을 이해할 수 있다.

간에 좋은 최고의 보약은 휴식과 잠

간이 혈액을 저장하는 능력이 떨어지면, 화열火熱이 치성하여 어지럽고 머리가 아프며 눈이 충혈되고 가슴이 답답할 뿐 아니라 마음이 조급해지고 화도 잘 나게 된다. 심하면 코피가 나기도 하고 피를 토할 수도 있다. 마치 냄비 속에 있는 물을 끓일 때, 물이 많으면 금방 끓어오르지 않고 천천히 온도가 올라가지만 물이 적으면 쉽게 뜨거워지고 심하면 끓어 넘치는 것처럼 말이다. 이때 물을 담는 냄비는 간, 냄비 속 물은 혈액으로 볼 수 있다.

그렇다면 물이 적어 쉽게 끓는 상태일 때는 어떻게 해야 할까?

냄비 속의 물에 해당하는 음혈陰血을 보태주면서 간화肝火를 억제하는 '자음강화탕', 혹은 간의 기운을 고르게 하면서 위로 치솟는 간양°을 억제하는 '천마구등음' 등의 약을 쓸 수 있다. 즉, 냄비 속 물의 양을 충분히 넣어주거나, 불에 해당하

° 肝陽. 간의 양기를 의미하며 간음(肝陰)에 상대되는 말. 주로 승발과 소설 기능을 한다. 승발이란 마치 나무가 위로 쭉쭉 자라듯 올라가서 퍼지는 것을 의미하며(오행에서 간은 목에 해당된다), 소설은 기를 소통시키고 혈액과 진액의 운행을 조절하는 간의 기능을 말한다.

는 간화·간양 자체를 줄여주는 것이다. 자음강화탕은 결핵, 기관지염 및 당뇨병에 응용할 수 있고, 천마구등음은 고혈압에 사용 가능하다.

생활 속 습관을 바꾸는 것 또한 중요하다. 『황제내경』°중 오장의 생성에 대해 설명한 부분에 다음과 같은 말이 있다. "사람이 누우면 혈이 간으로 돌아간다.""사람이 움직이면 혈액은 모든 경맥으로 운행되고, 움직이지 않으면 간으로 돌아온다." 이는 휴식 그리고 특히 잠의 중요성을 이야기한다. 외부의 환경, 정서적 변화를 비롯한 인간이 하는 모든 활동이 '간장혈'에 영향을 미치는데, 정서적으로 안정되고 몸과 마음이 모두 휴식을 취할 때 각 조직기관의 혈액이 간으로 돌아와 저장된다. 이러한 '간장혈'이 제대로 이루어지지 않으면, 불안하여 잠을 이루지 못하고 잘 때 꿈이 많아 피곤이 풀리지 않고 평상시 생활할 때도 잘 놀라는 증상들이 나타나게 된다.

° 가장 오래 된 중국의 의학서. 중국 신화적 인물인 황제와 그의 신하이자 명의인 기백이 의술에 관해 한 토론을 기록했다.

근과 육이 합쳐서 근육

이 단원의 제일 첫 부분에서 소개한 표를 잠시 살펴보자. 간은 근筋 그리고 비장은 육肉과 각각 관계 있다고 표시되어 있다. 왜 근육을 굳이 근과 육으로 분리해놓았을까?

근에는 인대와 힘줄이 포함된다. 인대ligament는 뼈와 뼈 사이를 연결하는 조직으로, 뼈의 위치를 잡아주어 구조를 만들어주고 관절이 안정적으로 움직일 수 있게 도와준다. 무릎관절 안에 위치하며, 넙다리뼈와 정강뼈를 이어주는 십자인대를 떠올리면 쉽게 알 수 있다. 힘줄tendon(건)은 근육이 뼈에 연결된 부분으로, 근육의 연장이라 볼 수 있다. 힘줄의 대표적인 예로는 아킬레스건이 있는데, 장딴지근육에서 시작해 발뒤꿈치뼈에 붙어 있다.

또한 『황제내경, 소문°』의 「오장생성론」에서 "근이란 모두 관절에 속한다"고 하였는데, 이는 근육의 수축·이완으로 인해 관절이 운동할 수 있음을 뜻한다. 이러한 근육의 운동은 간혈(간에 저장된 혈액)의 자양에 의해 이루어지는데, 간혈

° 『소문(素問)』에서는 자연에 기반을 둔 한의학의 기본 이론 및 병리학설을 주로 다룬다.

이 충분하면 근육이 이를 공급받아 활발히 수축·이완 운동을 할 수 있다.

한편 우리 몸을 보면, 어디까지가 근육이고 어디서부터 살인지 잘 구분이 되지 않는다. 실제로 살이라고 생각하는 많은 부분이 근육이기도 하다. 다이어트를 할 때 근육은 유지하고 살을 위주로 빼야 한다고 하지만, 보통 체중이 늘면 근육과 살이 같이 늘고 체중이 줄면 근육과 살도 같이 빠진다. 이처럼 음식물의 소화 작용에 있어 중심이 되는 장부인 비장과 육(살과 근육)의 밀접한 관계는 유추가 가능하다.

그러므로 간과 관계된 근이란 힘줄과 인대를 포함하는 근육, 비장과 관계된 육이란 살을 포함하는 근육 정도로 생각하면 무리가 없을 것이다.

또한 중국 명나라 때의 의원 장개빈은 그의 저서 『유경』에서 이렇게 말한다. "사람의 운동은 근력에서 나오므로 운동을 과로할 경우 근에 반드시 피로가 쌓이게 된다." 이 때 간의 기능이 건강하면 근력이 튼튼해지고 피로를 인내할 수 있다고 하여, 간과 근육 그리고 피로와의 관계를 설명한다. 노인들이 동작이 느리고 활발하지 못하며, 조금만 움직여도 쉽게 피로를 느끼는 것은 간의 기혈이 쇠하여 혈이 근육을 충분히 적셔서 영양을 공급해주지 못하기 때문이다.

이처럼 간과 간혈, 즉 혈액은 떼려야 뗄 수 없는 깊은 관계를 맺고 있으며 이로 인해 근육과 눈의 건강에도 영향을 미친다. 예로부터 "내 몸이 천 냥이라면, 간은 구백 냥"이라고 간을 중시한 데는 다 이유가 있다.

'간'과 눈의 관계

간은 눈과 관계가 깊다. 눈의 흰자, 검은자 등 각 부분은 오장과 연관되지만, 눈 전체 그리고 눈물은 간에 속한다. 눈이 사물을 볼 수 있는 것은 오장육부의 정기와 간혈의 자양에 의해서 가능하기 때문이다.

임상에서 자주 볼 수 있는 증상인 안구건조증도 대부분 간의 혈이 부족해서 발생한다. 눈이 충혈되거나 염증이 자주 생기는 것은 간화가 성하거나 간혈 부족에서 비롯되는 경우가 많다. 눈에 좋은 약재로 꼽히는 구기자와 오디(상심자. 뽕나무 열매) 역시 간의 음혈을 보하는 효능이 있다.

황우도

김시, 16세기,

종이에 담채, 26.7×14.9cm,

서울대학교박물관

2

심장

마음을 보여주다

김시의 〈황우도〉는 통통하게 살이 오른 소의 모습을 먹의 번
짐만으로 표현한 몰골법°의 정수를 보여준다.

　김시(1524~1593년)는 조선 중기의 문인화가이다. 산수·
인물·우마(소와 말)·화조·초충 등 여러 분야의 그림에 뛰어
난 자질을 보여, 윤두서는 그를 안견에 버금가는 화가라고

°　동양화의 기법 중 하나로 윤곽을 그린 뒤 그 안을 채워 표현하는 것을 구륵법, 윤곽
　선 없이 먹의 농담만으로 표현하는 것을 몰골법이라 한다.

◇ 어미소와 송아지

김식, 종이에 담채, 90.3×51.8cm, 국립중앙박물관.

평가하기도 했다. 당시 최립°의 문장, 한호°°의 글씨, 김시의 그림을 '삼절°°°°'이라 불렀다. 그는 특히 소 그림을 잘 그리기로 유명했는데, 〈황우도〉 외에도 〈목우도〉, 〈우배도하도〉 등이 전해 내려온다. 그의 화풍은 손자인 김식(1579~1662년)에게 이어졌다. 〈어미소와 송아지〉는 김식의 그림으로, 특히 왼쪽의 소가 할아버지인 김시가 그린 황우와 비슷하다.

그런데 자세히 보면 그의 그림에 등장하는 소들은 우리나라에서 볼 수 있는 누렁소가 아니라 뿔 달린 중국 물소의 모습을 하고 있다. 삼국시대에 우리나라에 물소가 들어왔다는 기록이 있기는 하지만 조선시대에는 물소를 기르지 못해 각궁의 재료인 물소뿔을 수입해 썼다는 게 정설이다. 하지만 우리 소의 모습을 그렸을 다른 그림들에도 비슷한 형태의 소가 등장하고, 『조선우마의방』°°°°에서 소를 아홉 가지로 분류해놓은 그림을 살펴보면, 실제로 우리나라 소 중에 이와 유사한 것이 있었을지도 모른다.

°　　최립은 당대 일류의 문장가로 우리나라뿐 아니라 중국의 인정을 받아, 중국과의 외교문서를 많이 작성했다. 문집으로는 『간이집』이 있다.
°°　　'한석봉'이라는 이름으로 더 잘 알려진, 우리나라에서 가장 널리 알려진 서예가다.
°°°°　1) 뛰어난 존재 셋. 2) 시·서·화 세 가지 재주가 모두 뛰어난 사람 혹은 그 경지.
°°°°　고려 말에 저술되어 1399년(정종 1년)에 발간된 수의학 책. 주로 소와 말의 치료를 다룬다.

마음을 안정시키는 우황청심원

굳이 강조할 필요도 없을 만큼, 소는 우리 민족과 친숙한 가축이다. 농사의 노동력으로는 말할 것도 없고, 가죽과 꼬리털 등은 각종 도구의 재료로 요긴하게 쓰여 왔다. 고기부터 우유, 곱창 등 다양한 부위와 산물이 우리가 즐겨먹는 식재료로 이용된다. 약으로도 여러 부분이 쓰이는데, 그 중 가장 유명한 것은 우황이다. 우황은 담석증에 걸린 병든 소에서 얻어지는 것으로, 소의 담낭에 염증으로 생긴 결석을 건조시킨 약재이다. 그 약효는 『동의보감』에 의하면 "혼백을 안정시키고 사기°와 귀신을 몰아내어 광기와 경계°° 등을 낫게 한다. 또한 어린이의 모든 병을 다스린다"고 한다. 특히, 우황을 원료로 하여 만드는 우황청심원은 그 효과가 뛰어나, 오늘날까지 귀한 약으로 쓰이고 있다.

우황은 심장과 간 경락에 작용한다. 효능으로는 마음을 안정시키는 진정 작용, 경련·발작 등의 증상을 진정시키는 진경 작용, 심장을 튼튼하게 하는 강심 작용이 대표적이다.

° '정기'에 반대되는 것으로, 병을 일으키는 요인. 풍(風)·한(寒)·서(暑)·습(濕)·조(燥)·화(火), 여기(癘氣. 감염증과 전염병을 일으키는 사기) 등이 있다.

°° 걸핏하면 잘 놀라는 증세. 또는 놀란 것처럼 가슴이 두근거리는 증세.

◇ 우황
보통은 둥근 모양이지만 다른 모양도 드물게나마 존재한다.

이밖에도 혈압 강하, 혈전 용해에도 작용한다. 중풍, 경련 및 가슴이 두근거릴 때, 열이 몹시 나면서 정신이 흐릿하고 헛소리를 할 때 사용할 수 있다. 고혈압, 뇌진탕, 뇌혈전증 등에도 쓴다.

우황을 사용하는 대표적인 약인 우황청심원에서 '청심'이란 심장의 화와 열을 풀어 주어 마음을 안정시킨다는 의미를 담고 있다.

심장은 오장육부 중 특히 존재감이 강렬한 장부이다. 운동을 했을 때, 감정이 격해졌을 때, 마음이 두렵고 불안할 때 심장은 두근대며 우리가 그 박동을 느낄 수 있다.

심장과 마음의 상관관계

심장을 뜻하는 영어인 하트heart에도 사랑이란 뜻이 있듯, 심장과 감정 사이에는 특별한 관계가 있다고 예로부터 연관 지어졌다. 『동의보감』에는 '너무 근심, 걱정을 하거나 지나치게 생각하고 염려하면 심장이 상한다'고 하여, 힘들고 괴로운 감정으로 인해 심장이 상할 수 있다고 경계했다. 또한 '심장의 기운이 허한 사람은 흔히 잘 무서워하며 눈을 감고 자려고만 하며 멀리 가는 꿈을 꾸고 정신이 산만하며 혼백이 제멋대로 나다닌다'고 하여, 심장이 약해지면 정신적인 데까지 영향을 미칠 수 있다고도 했다.

'심장의 기운이 허하면 잘 슬퍼하고, 실하면 계속 웃는다'고도 하는데, 이는 심장이 신神을 주관하고 간직하기 때문이다. 신이 지나치면 웃음을 그치지 못하고, 신이 부족하면 잘 슬퍼한다. 이 때 '신'이란 정신, 의식, 감정 등을 포함하는 말이다.

언젠가부터 심장은 영혼을 담고 있는 절대적인 존재가 아니라 다른 사람의 심장으로 이식할 수 있고, 심지어 인공 심장으로도 대체될 수 있는 근육덩어리 펌프 정도로 인식되기도 한다. 대신 그 자리는 뇌가 차지하게 되었다.

하지만 한의학에서는 심장을 '군주지관'이라고 하여 나라의 군주(임금)처럼 몸에서 제일 주된 장기, 중요한 기관으로 여긴다. 심장은 온몸의 혈액순환과 오장육부의 활동을 통솔하는 임금의 역할을 하는데, 이는 단지 염통 즉 심장이라는 장기뿐 아니라 혈관계, 혈액의 흐름까지 확장된 개념이기 때문이다.

앞서 이야기한 근이 간, 육이 비장에 속하듯 맥脈은 심장에 속한다. 맥은 기혈이 운행하는 통로로, 혈관보다 더 넓은 의미를 가진다. 즉, 인체의 구석구석까지 운행하는 혈액의 운행이 얼마나 정상적으로 잘 이루어지느냐에 따라 정신과 의식, 사유 활동까지 영향을 받는다는 것이다. 기와 혈이 필요한 곳이라면 어디라도 혈관, 심장과 연결되어 있고, 이러한 기혈의 물질적인 공급이 충분히 이루어졌을 때, 정신도 안정될 수 있는 기반이 만들어진다. 예를 들어 갑자기 많은 양의 피를 흘렸을 때, 헛것을 본다거나 정신을 잃을 수 있는 것처럼 말이다.

심장이 약하면 입맛이 떨어진다고?

얼굴 중에서 심장의 상태를 보여주는 것은 혀다. 눈과 간, 코와 폐, 입과 비장, 귀와 신장과의 관계와 마찬가지이다.

심장의 기운은 혀로 통해 있는데, 심기가 조화로우면 혀로 오미를 알 수 있다. 이 때 오미란 다섯 가지 맛인 신맛, 쓴맛, 단맛, 매운맛, 짠맛을 뜻한다. 심장의 기운이 약해지면, 입 안이 쓰고 맛을 잘 못 느낄 수 있다.

또한 혀는 가로무늬근으로 이루어진 근육성 기관으로, 풍부한 혈관이 있는데다 점막이 반투명하여 혈액의 미세한 변화도 관찰하기 쉽다. 심장의 기능이 정상이면, 혀는 윤기가 있는 붉은색이며 부드럽고 유연하게 움직여 언어를 하는 데 문제가 없다. 혀 중에서도 특히 혀끝이 붉은 것은 심화心火가 치성한 것으로, 과로와 스트레스, 불면증이 있을 때 심해진다.

심장약, 뇌에 작용하다

『동의보감』에서 소개하는 심장을 튼튼하게 하는 약으로

성심산이 있다. 이 때 '성(醒)'은 '(술이나 잠이) 깨다, (병이)낫다, 맑고 산뜻하다'는 뜻이다. 인삼·맥문동·오미자·석창포·원지·복신·생지황으로 이루어진 약인데, 심장 기운이 약해져서 가슴이 두근거리면서 답답하고 아프거나, 불안함을 느끼고 잠을 못 이루며 식은땀을 흘리는 데 사용한다.

보통 가슴이 답답하거나 아플 때 우리는 '심장에 혹시 문제가 있는 것은 아닐까?' 걱정하지만, 마음이 불안한 정신적인 문제도 심장과 관계될 때가 많다. 이는 곧 뇌와도 연결된다.

이에 대한 다음과 같은 논문이 있다. 「성심산의 중대뇌동맥 폐쇄로 유발된 허혈성 뇌손상 백서(흰 쥐)에 대한 인지 및 운동기능 회복 촉진효과」에 따르면, 지속적 중대뇌동맥 폐쇄로 유발된 중증 뇌졸중에서 심장을 보호하는 한방 처방인 성심산이 인지기능과 운동기능 회복을 촉진시켰다. 양약인 도네페질°과 비교했을 때도 그 효과가 비슷했으며, 독성은 오히려 적었다.

또한 성심산 처방에 포함된 약재인 복신, 원지, 석창포로 이루어진 약은 총명탕이다. 총명탕은 그 이름처럼 주로

° 알츠하이머형 치매에 효과를 나타내는 치료제.

수험생들의 학습 및 기억증진을 위해 활용되지만, 치매에도 사용할 수 있다. 이처럼 뇌에 좋은 약이지만, 약재 하나하나를 보면 심장에 작용하여 심장 기운을 보하며 소통시키는 효과가 있다.

비슷하지만 다른 우황청심원과 청심환

우황청심원을 청심원, 혹은 청심환으로 줄여 부를 때가 많다. 하지만 『동의보감』에는 우황청심원과 청심환이 각기 다른 처방으로 구분되어 있다. 우황청심원은 「잡병편: 풍風」에 속하는 중풍 치료약이다. 반면 청심환은 「잡병편: 옹저」에서는 심옹°의 치료약, 「잡병편: 화火」에서는 열을 다스리는 약, 「외형편: 후음」에서는 항문이 가렵고 아플 때, 「내경편: 정精」에서는 몽설(꿈을 꾸면서 정액이 배설되는 병증)에 사용하는 약으로 소개한다.

환과 원은 모두 약재를 곱게 갈아 꿀이나 물, 쌀가루풀, 밀가루풀 등을 이용하여 만든 동그란 알약 형태이다. 이 중 원元은 으뜸이란 뜻으로, 귀한 명약을 가리킬 때가 많다. 우황청심원에는 보통 금박을 씌우는데, 이는 단지 보기 좋은 것뿐 아니라, 마음을 진정시키는 효능이 있기 때문이다.

° 옹(癰)은 악창(고치기 힘든 부스럼), 종기를 말하며, 심옹(心癰)은 심장 부위, 젖가슴 사이에 벌집 같은 옹이 생긴 것이다.

노련도

심사정, 종이에 수묵담채, 16.2×12.4cm,
서울대학교박물관

3

비장

입맛을 결정하다

청송 심사정의 그림이다. '노련도'라는 이름에서 '노'는 백로, '련'은 연밥을 의미한다. 그런데 심사정의 〈노련도〉에서는 얼핏 보면 백로가 어디 있나 싶을 만큼, 연잎 사이에 파묻혀 있다. 그나마 화면 가운데에 있어서 자세히 보면 부리와 눈이 확실히 보인다.

백로는 여름 철새인데 반해, 연꽃이 지고 연밥이 달리는 것은 가을이다. 실제로 백로와 연밥은 같이 있을 수 없다는 뜻이다. 하지만 심사정을 비롯해 조선의 많은 화가들은 이 둘을 같이 그렸다. 어째서일까?

◇ 연자육

이러한 백로 한 마리와 연밥의 조합은 '일로연과'라는 길상°적인 의미를 가진다. '한 마리 백로一鷺'는 '한 길'이라는 '일로一路'와 음이 같고, '연밥'을 의미하는 '연과蓮顆'는 '과거에서 단번에 소과와 대과에 연달아 급제하다'는 뜻의 '연과連科'와 동음이다. 그런데 비단 이런 뜻이 아니더라도 연밥 자체가 수험생에게는 무척 좋은 식품이다.

°　　운수가 좋고, 경사스러운 일이 있을 조짐.

연밥은 '연자蓮子'라고도 하는데, 이 연자의 껍질을 벗겨 말린 연자육은 한의원에서 많이 쓰이는 약재다. 비장과 신장, 심장 경락에 작용한다. 비위를 보하여 설사를 멎게 하고, 심장을 보양하여 정신을 안정시키며, 신장을 보하여 정을 모아 빠져나가지 않게 하는 효과가 있다. 어느 하나 중요하지 않은 장기가 없지만 그 중 비장의 건강은 학생들에게 특히 의미가 있다. 시험 당일 마음을 안정시켜주는 데는 심장이 오히려 크게 작용한다. 하지만 오랜 수험생활을 든든히 지켜주는 것은 비장의 힘이다. 쉽게 말하면, 밥심이라고 할 수 있다. 그렇기 때문에 어릴 때 공부를 잘하다가 학년이 올라가면서 성적이 떨어지는 경우, 머리는 좋은데 체력이 따라주지 않는 경우 가장 먼저 고려해야 할 부분이 바로 비장이다.

비장의 정체?

비장은 현대 해부학에 있어서 그 실체를 찾기 힘든 장기이다. 지라spleen와 췌장(이자), 소장의 일부에 이르기까지 여러 기관이 하는 일을 비장의 기능으로 생각한다. 어찌 보면 정체가 불분명한 장기이지만, "후천지본°(태어난 뒤에는 비위가 기본이 된다)", "기혈생화지원°°(기혈을 생성하는 근원)"이라이를 만큼 그 중요성은 오장 중 어느 것에 비해서도 뒤지지않는다.

중국 명나라 시대 이중재가 쓴 의학서적인 『의종필독』에서는 "왜 비장이 '후천지본'이 되는지"를 이렇게 설명한다.

"음식을 먹지 못하여 쇠약해지는 것은, 병사들을 위해 보급물자를 운반하는 도로가 끊어지는 것과 같다. 길이 끊어지게 되면, 군대는 흩어지게 된다. 인체는 반드시 곡기의 자양을 필요로 한다. 음식물이 위로 들어오면 육부에 퍼져 기운이 생기고, 오장에 조화되어 피가 만들어진다. 인체는 이로서 영양을받아 생명을 유지하므로 비장이 후천의 근본이 된다."

비장은 몸의 중앙에 위치해 다른 장부에 두루 영양분을

° 後天之本. 후천의 근본. 후천이란 선천과 대비되는 말이다. 사람이 태어난 뒤의 성장 발육을 비롯하여 생명 활동에 필요한 영양물질은 다 비위를 통하여 받기 때문에 비위를 후천지본이라고 한다.

°° 氣血生化之源. 비위는 음식물을 소화하고 영양물질을 흡수하여 오장육부를 비롯한 몸의 여러 곳에 보내 주어 유기체의 정상적인 생리 활동을 보장하므로, 기혈을 생성하는 근원이 되는 장부라고 부른다.

공급한다. 음식을 정미로운 물질(수곡정미)로 변화시켜 온몸으로 보내는 것이다. 이 때 정미로운 물질이란 음식물 가운데 가장 맑고 깨끗하면서 미세한 영양 물질을 말한다. 즉, 대소변으로 배출되지 않고 실질적으로 우리 몸에서 피가 되고 살이 되는 것들이다.

비장의 기능이 약해지면 식욕부진 및 식후 배가 더부룩하게 부르며, 변이 물러지는 증상 등이 나타난다. 또한 다른 장부나 전신의 조직, 기관 등 각 부분도 충분히 자양 받지 못하게 된다. 살과 근육이 빠질 뿐 아니라 팔 다리에 힘이 없어지고, 어지러우며 눈앞이 캄캄해지는 현기증이 나타날 수 있다. 정신적으로도 둔해지고 위축된다.

무병장수를 하려면 비와 위를 지켜라

건강을 유지하며 병 없이 장수하려면 반드시 비위를 보호하여 식욕을 왕성케 하고, 충분한 음식으로 신체를 영양해야 한다. 일상생활 중에는 폭식 폭음, 지나치게 배부르거나 지나친 굶주림을 피해야 하며, 한열이 치우친 음식은 되도록 먹지 않는 것이 좋다.

이 때 식욕이란 음식에 대한 욕심이라기보다는 입맛, 밥맛이라 할 수 있다. 아무리 큰 병에 걸렸다 하더라도 잘 먹는 사람은 그 병을 이겨낼 에너지를 얻는다. 반면 중병이 아닐지라도 입맛이 없고 음식을 잘 먹지 못하면, 병이 오래도록 길어지며 그로 인해 더 큰 병으로 진행될 수도 있다. 그러므로 입맛은 생명을 건강하게 유지하기 위해 절대적으로 중요하다. 그리고 이것은 곧 비장의 건강한 기운이 밑바탕이 될 때에 가능하다.

중국 금나라 시대의 유명한 의학자인 이동원은 이러한 비위의 중요성을 강조했다. 그의 저서 『비위론』에 따르면, 비위가 모두 튼튼하면 음식물을 잘 먹을 수 있으므로 살이 찌게 된다. 반면 비위가 모두 허하면 음식물을 먹을 수 없어 마르게 되거나, 살이 찐 경우라도 팔다리에 힘이 없어서 제대로 움직일 수가 없게 된다.

즉 단순히 살이 있는 것이 아니라 근력과 에너지가 있는 것이 중요한데, 이를 위해서는 비위의 건강이 우선되어야 한다.

감정, 생각과 비장의 관계

비장은 감정 중에는 생각思과 관계가 있다. 우리는 보통 감정이라고 하면 기쁨, 슬픔, 두려움, 분노 등을 떠올린다. 그렇다면 비장과 관계된 감정인 '생각'은 무엇을 뜻할까?

생각이란 사물을 인식하고 문제를 고려하는 사유활동의 일종을 말한다. 마음이 가는 방향에 근거하여 사물의 변화를 관찰하는 것으로, 이러한 생각은 정상적인 정신활동이다. 그러나 사려가 과도하거나 생각한 바가 이루어지지 못하면 이는 인체에 영향을 미친다. 특히 기운의 소통에 문제를 야기하여 기가 울결된다.

생각이 지나치게 많으면 기가 울체되고 가슴에 맺혀 답답하고 음식 생각도 없어진다. 사랑병이라고도 부르는 상사병相思病 역시 남녀가 서로 생각相思하고 그리워하는 마음이 지나쳐 생긴 병이라 할 수 있다.

"나는 생각한다, 고로 존재한다"는 서양 근대철학의 창시자 데카르트의 말처럼 생각하는 것은 인간에게 중요한 의미를 가지지만, 뭐든 지나친 것은 부족함만 못하다. 때가 되도 배고프지 않고 식사를 하는 도중에도 밥맛이 없고 그저 의무감에 먹는다면, 비장의 기능이 떨어진 것이다. 육체와 정신이 상호 영향을 주고받는 만큼 이럴 때는 잠시 복잡한 머릿속을 비우고 생각을 멈춰보자. 이것이 비장을 건강하게 유지하는 방법이기도 하다.

면역력을 올려주는 보중익기탕

이동원이 만든 처방인 보중익기탕은 그 이름처럼, 중초(비위)를 보하고 기운을 더하는 효능이 있다. 중초는 우리 몸의 중앙에 있으면서, 소화에 관여하는 비위의 기능과 깊은 관련이 있다.

보중익기탕은 식욕부진, 병후의 피로, 허약체질 개선 및 과로하여 몸이 노곤하고 열이 나거나, 머리가 아프고 식은땀이 날 때 사용한다. 치질·탈항, 자궁하수, 위하수에도 활용할 수 있는데 이렇게 밑으로 처지는 증상은 중초의 기운이 없어 잡아주지 못하기 때문이다.

보중익기탕은 현대에도 다용하는 처방으로 그에 대한 실험적 연구도 많이 이루어지고 있다. 면역력을 높여주며 항알레르기, 항염, 항암 효과가 있고, 최근에는 치매치료에 대한 효능도 확인된 바 있다. 이렇게 비위를 보하는 처방인 보중익기탕이 다양한 증상에 이용될 수 있는 것은 그만큼 비위의 건강이 전신의 건강에 큰 영향을 끼치기 때문이다.

통죽

유덕장, 조선 후기 18세기,
종이에 수묵, 105.9×66 cm,
국립중앙박물관

4

폐

기운을 소통시키다

수운 유덕장(1675~1756년)이 그린 대나무 그림이다. 굵은 줄기의 통대나무를 그린 것으로, 유덕장은 이정, 신위와 함께 3대 묵죽 화가로 꼽힌다. 유덕장과 동시대에 살았던 신광수는 그의 문집인 『석북집』에서 유덕장의 묵죽화를 "당세의 짙푸른 수운의 대나무는 속세를 벗어난 그 기세가 드높다"라고 하여 높이 평가했다.

유덕장의 묵죽은 조선 중기 이정의 묵죽화풍을 이어받았다. 특히 굵은 통죽 그림이 비슷한데, 대나무 마디 부분이 좀 더 직선인 유덕장의 통죽에 비해 이정의 통죽 마디는 입

◇ 죽여
『한약재감별도감, 외부형태』

체감이 두드러진다.

　사군자°의 하나로 문인화의 소재로 많이 그려진 대나무
는 뿌리, 잎, 열매 등 다양한 부위를 약재로 이용했다. 그 중
죽여는 약간 푸르스름한 흰 속껍질인데, 겉껍질을 제거한 후
가는 실 모양으로 깎아 말려서 사용했다. 폐와 위 경락으로
들어가 열을 내리는 효능이 있어, 폐에 열이 차 가래가 생기

°　　매화, 난초, 국화, 대나무. 덕행이 높고 학문이 뛰어난 군자의 인품에 비유함.

◦ 통죽

이정, 비단에 수묵, 148.8×69.8cm,
국립중앙박물관

폐 기운을 소통시키다 　　　127

거나 위열로 인한 구토가 있을 때 좋다. 코피·토혈°을 가라앉
히고 태아를 안정시키는 효과도 있다.

폐가 허하면 변비가 생긴다고?

폐는 장부 중 가장 높은 곳에 위치하고 있어, 오장육부
의 덮개라고 한다. 폐는 호흡을 담당하며 외부 환경과 끊임
없이 관계를 주고받으므로, 몸 밖에 있는 안 좋은 기운이 침
입하기 쉽다. 간단한 예로, 호흡기계 감염을 생각할 수 있다.

폐의 호흡 작용은 단지 산소를 들이마시고 이산화탄소
를 내뿜는다는 것 외에, 인체의 기운을 조절한다는 의미가
있다. 호흡 운동으로 인해 기가 안팎을 출입하고 위아래로
오르내리는데, 이는 기와 혈이 온 몸으로 순환하는 것을 촉
진한다.

이것은 대장과도 생리·병리적인 관계가 있는데, 변비를
예로 들 수 있다. 폐가 기운을 아래로 내려 보내는 기능에 문
제가 생기면 우리 몸에 있는 물, 즉 진액°°역시 아래로 가지
못하여 대변 배출이 힘들어진다. 변비가 생기는 데는 여러 가
지 이유가 있지만 두 가지로 나누어보면, 우리 몸에 필요한

◇ 폐장도

조선 세종의 명으로 편찬된 의학사전인 『의방유취』에 수록된
〈오장육부도〉 중 폐의 그림. 폐의 형상에서 둥근 기둥 위쪽은 목구멍(후두)로
외부의 천기(天氣)와 통하며, 기가 위아래로 드나드는 통로이다.
양 옆에는 폐의 기운이 변하여 만들어진 구름이 온몸을 덮고 있다.

수분인 진액 자체가 부족한 경우가 있고 내려가는 기운 곧 힘
이 부족한 경우가 있다.

그 중 폐의 내려 보내는 기운, 기력이 부족해서 나타나는
변비를 '기허 변비'라고 한다. 말 그대로 기가 허해서 생기는

○　토혈은 피를 토하는 병증이다.
○○　인체 내의 체액, 수분을 말한다. 눈물, 땀, 침, 콧물 등을 모두 합쳐 부르는 용어.

변비이다.

물과 식이섬유가 포함된 채소 등을 충분히 섭취하는데
도 불구하고 변비에 시달린다면, 이런 기허변비를 의심할
수 있다. 즉 섭취한 수분이 제대로 아래쪽으로, 대장으로 이
동하지 못해서 변비가 생기는데 이는 진액이 기를 따라 이
동하는데 기운 자체가 아래로 내려가지 못하기 때문이다.

피부 건강과도 밀접한 폐

또한 폐는 피부와 밀접한 관계를 가진다. 호흡 작용을
담당하는 폐와 피부가 무슨 관련이 있나 싶지만, 피부도 호
흡의 기능이 있는 것을 생각하면 수긍이 간다. 외부로부터
우리 몸을 지켜주는 방어막인 피부는 폐와 마찬가지로 외부
와 기운을 주고받는다. 기운이 드나드는 문이라는 의미에서
땀구멍을 '기문'이라고도 부른다.

폐의 생리기능이 정상이면 피부가 치밀하고 광택이 나
지만, 폐기(폐의 기운)가 허약해지면 피부가 마르고 초췌해지
며 땀구멍이 치밀하지 못하여 항상 땀이 난다. 외부로부터
침입하는 나쁜 기운을 막는 능력도 떨어진다.

몸이 상하면 마음도 상한다

폐와 관련된 감정은 슬픔과 우울함이다. 비悲는 슬퍼하고 애통해하는 것으로 밖에서부터 오고, 우憂는 근심하고 우울해하는 것으로 안에서 발생한다. 이러한 감정들은 기를 흩어져 사라지게 한다. 오랜 기간 슬픔에 잠겨 있거나 근심에 빠져 헤어나오지 못하면, 우리 몸에 필요한 기(에너지)가 없어져 무력해진다.

반대로 폐가 약하면 슬픔과 우울한 감정에 취약할 수 있다. 그런 사람에게 우리는 "집에만 있지 말고 바깥으로 나가라, 햇볕을 쬐라", "명상을 해라, 가슴을 펴라, 운동을 해라" 등의 조언을 하기도 한다. 이는 단순히 기분전환을 넘어서, 폐 기능을 향상시키는 것과 연결된다. 바깥 공기를 쬐면서 폐와 피부를 통해 맑은 기운을 받아들이고, 명상과 요가를 하면서 뭉쳐 있는 기운이 온몸에 잘 순환되도록 이완시키는 것이다.

폐와 슬픔, 비장과 생각 등 장부와 특정 감정이 연관되어 있는 것도 의미 있지만, 그보다는 육체와 정신이 긴밀한 관계가 있다는 것이 더욱 중요하다. 불과 몇 년 전까지만 해도 우울증을 비롯하여 감정 조절을 잘 못하는 것을 개인의 성향, 성격의 문제로 돌려왔다. 하지만 한의학에서는 어떤 장부의 기능, 즉 인체 한 부분의 기운이 약해지는 것이 곧바로 감정에 직접적인 영향을 줄 수 있다고 설명한다. 마음의 병이라고 치부했던 것들이 실질적으로 몸 자체에 문제가 있어 발생할 수 있음을 아주 오래전부터 인지해왔던 것이다. '몸이 아프면 마음도 같이 약해진다'는 포괄적인 개념을 넘어서 좀 더 구체적으로 몸의 어느 부분이 약해지면 어떤 감정을 다스리기 어려울 수 있다는 연결고리를 제시한 것이다.

기를 다스리는 방법, 호흡

몸과 마음의 건강을 위해서는 어느 한쪽으로 기운이 치우치지 않은 오장육부의 균형, 몸 전체의 조화가 중요하다. 그를 위해 가장 기본이 되는 것은 기의 소통이다. 이러한 기의 조절에는 폐, 그리고 호흡이 중심에 있다. 복식호흡, 흉식호흡, 단전호흡 등 수많은 호흡법이 있고, 호흡을 잘 하면 육체적인 건강뿐 아니라 마음을 잘 다스릴 수 있다고 하는 것도 이 때문이다.

사직노송도

정선, 61.8×112.2cm,
고려대학교박물관

5

신장

노화를 결정하다

〈인왕제색도〉, 〈금강전도〉 등의 진경산수화로 유명한 조선 후기의 화가 겸재 정선의 그림으로 서울 종로구 사직단에 있는 노송(늙은 소나무)의 모습을 담고 있다. 우리가 자주 볼 수 있는 소나무의 모습과 달리, 땅을 기어가듯 혹은 위로 용솟음치듯 여러 방향으로 구부러진 모양에 위엄이 넘친다.

정선은 이인좌의 난°이 평정된 후 이 그림을 그렸다고

° 영조 즉위 후 정치적 위험을 느낀 이인좌 등 소론의 강경파들이 영조가 숙종의 아들 이 아니며 경종의 죽음에 관계되었다고 주장하며, 밀풍군 이탄(인조의 장자인 소현세자 의 증손)을 왕으로 추대하고자 일으킨 반란.

한다. 그림 속의 늙은 소나무에서도 새싹이 피어나듯, 조선 왕조도 어려움을 딛고 일어나 더욱 발전하리라는 그의 마음이 담겨 있다.

소나무에서 기인한 약재, 복령

소나무는 우리 민족과 가장 친숙한 나무로, 다양한 부분을 음식 혹은 약재로 활용하고 있다.

이 중 복령은 한의원에서 다용하는 약재 중 하나인데, 소나무 뿌리에 기생하는 복령의 균핵이다. 신령한 소나무의 정기가 모여 생긴 것으로 여겨, 복령을 오래 먹으면 신선이

○ 복령

된다는 옛말도 전해진다. 복령은 심장, 폐, 비장, 신장 경락에 들어가 그 효능을 발휘한다. 소변을 시원하게 못 보거나 몸이 부을 때 좋고, 비정상적인 진액인 담음(가래를 예로 들 수 있다)으로 인한 기침, 구토에도 효과적이다. 마음을 안정시키는 효능이 있어 자주 놀라거나 가슴이 두근거리는 증상 및 불면증에도 사용한다. 소화기능이 약해 식사를 적게 하고 기력이 없으며 변이 무른 사람에게는, 인삼 등 기를 보해주는 약재와 함께 처방하기도 한다.

신장은 정을 저장하며, 태어나는 데 기본이 된다

현대의학에서 말하는 신장은 콩팥이다. 콩팥이라고 하면 노폐물을 걸러서 소변으로 배출하는 기능이 제일 먼저 떠오른다. 그 외에도 체내 수분량과 산염기(산성도), 혈압 등을 조절하여 인체의 항상성을 유지하며, 여러 호르몬과 관계된 내분비 기능도 담당한다. 신장에서 만들어지는 에리트로포이에틴Erythropoietin이란 호르몬은 골수를 자극하여 적혈구를 만들게 하는데, 이것이 부족하면 빈혈이 생긴다. 한의학에서 보는 신장 역시 인체의 수액대사를 조절하고 주관한다.

이에 더해 신장은 선천의 정精을 저장하는 장기로, 선천적으로 부모에게서 받은 정기 즉 인체를 구성하는 물질의 근본이며 생명의 근원이 되는 기운을 담고 있다. 그래서 신장을 선천지본先天之本(태어나는 데 기본이 되는 것)이라 하는데, 이는 곧 신장이 생명의 근본임을 말한다. 이것은 앞서 비장이 후천지본(태어난 뒤에는 비위가 기본이 된다)인 것과 비교해 볼 수 있다.

노화를 결정하는 신장의 정기

신장은 정을 저장하고, 신장의 정기는 인체의 생장과 발육, 생식 기능을 촉진한다. 정精이란 두 가지 의미를 담고 있는데, 넓은 의미에서의 정은 인체를 구성하고 생명활동을 하는 기본이 되는 물질로 기, 혈, 진액 및 음식물로부터 흡수한 정미로운 물질을 포함한다. 좁은 의미로의 정은 생식과 관계된 것으로 부모로부터 물려받은 것을 포함하는데, 이것을 선천의 정이라고 한다. 이는 정자와 난자로 이해할 수 있다.

신중정기腎中精氣(신장의 정기)가 성했다가 쇠하는 것은, 사람이 태어나서 자라고 성숙해지고 노화를 거쳐 죽는 과정 전반을 결정한다. 신중정기가 충만해지면서 머리카락이 자라고 치아가 나며, 청소년기에 접어들면서 생식선이 발달하고 2차 성징이 나타난다. 그리고 신중정기가 점차 줄어들고 쇠약해짐에 따라 노화의 증상이 시작된다.

보통 나이가 들면 생식의 기능이 떨어져 아이를 가질 수 없는데, 어떤 사람들은 늦은 나이에 자식을 보기도 한다. 이는 신장의 정기가 남아 있기 때문이다.

신장이 약하면 이빨도 약하다

또한 신장은 뼈와 골수°, 척수, 뇌수 및 치아와 관련이 있다.

신장의 정기는 골수를 만드는 원천이 되고 골격의 생장·발육을 촉진하며, 골수는 뼈를 충실하게 해준다. 즉, 신장의 정腎精(신정)이 충실하면 골수가 영양해주는 뼈도 튼튼하고 힘이 있다. 이렇게 뼈가 건강하면 오래 서 있는 것도

° 골수. 뼈 안쪽에 위치. 적혈구·백혈구·혈소판 등 혈액을 만드는 기관

잘 견디고 힘든 일도 할 수 있지만, 신정이 부족하고 약하면 힘이 없고 심할 경우 발육이 부진하게 된다.

뇌수의 생성 역시 신중정기로부터 나오는데, 신중정기가 충만하면 눈과 귀가 총명하고 뇌의 기능이 활발해진다. 반면 신중정기가 허하면 귀가 울리거나 눈이 어둡게 되고, 뇌의 활동이 느려진다. 이는 사람마다 노화의 시기와 정도가 다른 것을 보면 알 수 있다. 어떤 이들은 젊은 나이부터 노안이 오고 청력이 약해지지만, 나이가 들어서도 돋보기 없이 작은 글자를 읽고 보청기가 필요 없을 정도로 잘 듣는 사람도 있다.

한의학에서는 치아를 뼈의 일부분으로 생각하기 때문에, 치아가 자라는 것을 포함하여 얼마나 튼튼한지도 신정과 관계가 깊다. 신중정기가 충분하면 치아가 단단하고 쉽게 흔들리거나 빠지지 않는 반면, 신중정기가 심하게 부족하게 되면 치아가 일찍 빠질 수도 있다. 주위에서 보면 하루에 한번 겨우 양치를 할까 말까 하는 정도에 심지어 음식을 먹다가 잠드는 날이 잦아도 썩은 이 하나 없이 치아가 튼튼한 사람들이 있다. 그에 반해 어떤 이들은 양치도 자주 하고 스켈링도 정기적으로 받는 등 치아 건강에 신경을 많이 씀에도 불구하고, 치아가 쉽게 썩기도 한다. 이는 사람마다 가지고 있는 신중정기의 차이 때문이다.

마지막으로 『황제내경』에서 이야기한 인간의 노화와 신기腎氣의 관계를 덧붙이고자 한다.

여자가 7세가 되면 신기가 성해져서, 치아를 갈고(영구치) 머리카락이 길어진다.

14세에는 월경이 이르게 되어 자식을 낳을 수 있다.

21세에는 신기가 고르게 조화로워서 사랑니가 나고 성장이 최고로 된다.

28세에는 뼈와 근육이 단단해지고 머리카락이 가장 무성하게 자라며 신체가 장대(힘이 왕성)해진다.

35세가 되면 얼굴이 마르고 머리카락도 빠지기 시작한다.

42세가 되면 얼굴이 초췌해지고 머리카락이 희어진다.

49세가 되면 월경이 그치면서 몸이 늙어져 자식을 낳을 수 없게 된다.

남자는 8세가 되면 신기가 충실해져서, 머리털이 자라고 치아를 갈게 된다.

16세에는 신기가 왕성해져서, 정액이 만들어져 자식을 낳을 수 있다.

24세에는 신기가 고르게 튼튼해져서, 근육과 뼈가 튼튼해지고 사랑니가 나고 성장이 최고에 이른다.

32세에는 근골이 더욱 크고 단단해지며 살집이 건장하고 튼튼해진다.

40세에는 신기가 약해지면서, 머리카락이 빠지고 치아가 약해진다.

48세에는 양기가 위에서부터 고갈되어 얼굴이 초췌해지고 머리카락과 귀밑머리가 반백이 된다.

56세에는 간기가 약해져서 근육을 원활히 움직이지 못하게 된다.

64세가 되면 정액(정력)이 줄고 신장도 약해져서 신체가 모두 다하여 치아와 머리카락이 빠진다.

신장과 단전호흡

우리 몸의 장부가 위치한 몸통 부위를 세 부분으로 나눌 때 상초는 심장과 폐, 중초는 비장과 위, 하초는 나머지 장부인 신장과 방광, 대소장 등을 포함한다. 이 때 하초를 대표하는 장부가 신장이다. 한의학에서 말하는 신장은 노화와 생식, 부모로부터 받은 선천의 의미까지 포함하는 넓은 의미를 가진다. 단전호흡을 할 때 배꼽 아래에 의식을 집중하는 것 역시 인체의 하초(하복부), 즉 신장이 가진 중요성을 강조하는 것이다. 황석영의 대하소설 『장길산』에 나오는 한 구절 "그의 처가 워낙에 하초가 약하여 다달이 치르는 일도 막혀서 생산이 불능한 지가 십 년이 넘었건만"에서도 여성의 하초의 기능이 약하면, 월경이 불규칙 혹은 조기 폐경하여 아이를 낳을 수 없다고 이야기한다.

주변과 일상에서 약재를 찾아보다

요즘 한약에는 다양한 제형이 있다. 한약하면 쉽게 떠오르는 탕약부터 씹어 먹는 환약, 짜먹는 시럽 형태까지. 종이에 싼 약재를 꺼내 약탕기에 하루 종일 지긋이 탕약을 달이는 광경이 생소하진 않더라도, 오늘날 우리가 한약을 먹을 때 이렇게 직접 시간과 노력을 투자하는 경우는 드물다.

한약을 자주 복용해본 사람이라도 그 한약을 만들기 위해 필요한 약재를 직접 눈으로 보거나 맛을 본 적이 별로 없을 것이다. 다양한 형태의 약으로 인해 한약 자체는 대중화되었지만, 정작 그 약의 재료를 직접 목격할 기회는 그다지 흔치 않기 때문이다. 그렇다면 우리가 아프거나 힘들 때 먹는 약은 어떤 것들로 만들어지는 것일까?

『동의보감』이 다른 의서와 비교해 탁월한 면은 여럿 있지만, 그 중 인상적인 것은 대부분의 약재를 중국산이 아닌 우리 것으로 활용하도록 권장했다는 점이다. 그야말로 대한민국의 약, 한약韓藥을 서술한 의서라고 할 수 있다. 더 나아가, 『동의보감』은 약재의 정식 명칭 뒤에 민간에서 흔히 부르는 이름을 함께 적어놓아 더욱 활용에 용이하도록 만들었다. 약의 처방 역시 우리의 체질에 맞게 가감하여 새로이 서술했고, 주변에서 볼 수 있는 약재들로 누구나 쉽게 응용할 수 있는 단방약°을 따로 기술했다. 우리 땅에 사는 누구라도 참고할 수 있는 서적, 그것이 바로 『동의보감』의 목표이기도 했다.

이렇듯, 『동의보감』의 약재 중에는 일상에서 목격할 수 있는 것들이 결코 적지 않다. 어쩌면 평상시에 무심코 스쳐가는 많은 것들이 이미 약으로 쓰이고 있을지도 모른다.

° 單方藥. 한 가지 약재만으로 구성한 처방문.

우물가

김홍도,
수묵채색화, 22.4×26.6cm,
국립중앙박물관

1

물의 종류가

33가지?

길을 지나던 남성이 우물가 여인들에게 물을 청해 마신다. 갓을 벗고 옷까지 풀어헤친 사내의 모습을 곁에 있던 여성은 물이 담긴 두레박 끈을 붙든 채 살포시 외면한다.

물이라고 해서 다 같은 물이 아닌 것은 예로부터 우리 모두가 알고 있다. 거품이 잘 일어 빨래가 잘 되는 물이 있고, 차를 끓이면 유독 맛있어지는 물도 있다. 요즘 시중에서 판매하는 생수도 광천수°니, 암반수니, 특정 지역에서 나는

° 칼슘·마그네슘·칼륨 등의 광물질이 미량 함유되어 있는 물. 미네랄워터라고도 한다.

건강에 좋은 물이니 하며 다양하다. 최근에는 물의 맛과 냄새를 감별하여 각자에게 어울리는 적합한 물을 추천해주는 워터소믈리에라는 직업까지 생겼다. 여기서 살펴볼 것은 한 약재 중 하나인 물이다.

『동의보감』이 가장 먼저 언급하는 약재

『동의보감』에서는 물을 총 33가지로 구분한다. 『동의보감』 중 「탕액편」°에서는 여러 가지 약물을 다루는데, 크게 총론과 각론으로 구성된다. 한약의 제형은 탕제 외에도 환제(둥근 형태의 알약으로, 크기는 다양함. 청심원, 공진단 등이 있다)·산제(가루약)·고제(걸쭉하게 졸인 것으로, 경옥고 등이 있다) 등 다양하지만, 이 편의 이름을 '탕액'이라고 한 것은 약물을 끓여서 복용하는 것이 한약의 대표적인 약물 형태이기 때문이다.

「탕액편」의 첫 부분인 「탕액서례」는 총론에 해당된다.

<hr/>

° 『동의보감』의 구성에 대해서는, 이후 4장의 「허준이 동의보감을 쓴 이유」에서 다루도록 한다.

여기에서는 약물을 채취하고 말리는 법, 약을 달이는 방법, 약의 성질, 복용시 주의해야 할 음식 등 한약에 대한 전반적인 내용을 알려준다. 그 뒤부터 본격적으로 다양한 약재의 종류를 하나씩 소개하는데, 물, 흙, 곡식, 사람의 몸에서 나는 약물들, 날짐승, 들짐승, 물고기, 벌레, 과일, 채소, 풀, 나무, 옥, 돌, 금속의 순서이다. 이 중 제일 먼저 나온 것이 바로 '물'이다. 물에 대해 적어놓은 「수부水部」 편에서는 "물은 처음 하늘에서 생겼기 때문에 물을 가장 앞에 두었다天一生水, 故以水爲首"하여 이를 설명하며, 물의 중요성을 강조한다.

물 중 으뜸, 정화수

『동의보감』 속 33종 물 가운데는 바닷물, 강물, 빗물 등 우리가 쉽게 생각할 수 있는 물부터 순류수(순하게 흐르는 물), 역류수(거슬러 돌아 흐르는 물), 조개껍질을 밝은 달빛에 비추어 받은 물 등 신기한 물의 종류도 있다.

'어머니가 자식들 잘 되라고 매일 아침 정화수를 떠놓고 기도하신다'고 하는 그 정화수도 약으로 쓰이며 33종의 물 중 가장 처음으로 서술한다. 정화수는 새벽에 처음 길은 우물물을 말하는데, 『동의보감』에 나오는 여러 물 중 으뜸으로 꼽힌다. 입에서 냄새가 나는 것을 없애고 얼굴빛이 좋아지게 하며, 눈에 생긴 군살과 예막°(막이 눈자위를 가리는 병)을 없애주는 데 효능이 있다. "하늘의 정기(천일진정天一眞精의 기)가 수면에 떠서 맺힌 것"이라 하여, 약으로 활용할 뿐 아니라 차를 달이거나 몸을 씻을 때도 두루 쓰이는 물로 설명한다.

빗물에도 차이가 있다

달마도로 유명한 김명국(1600~?)이 그린 〈우경산수〉에는, 비 오는 날 우산을 쓰고 걸어가는 두 사람의 모습이 보인다.

『동의보감』에서는 빗물 역시 때와 장소에 따라 여럿으로 나눠 구분했다. 그 종류로는 정월에 처음으로 내린 빗물(춘우수), 산골에 고인 빗물, 매실이 누렇게 될 때 내린 빗물(매우수) 등이 있다. 이 중 춘우수와 매우수는 비가 내리는 시

° '예(翳)'는 흑정(검은 자위)이 흐려진 것이고 '막(膜)'은 백정(흰 자위)에 하얀색이나 붉은색의 막이 생긴 것이다.

◦ 우경산수
김명국, 비단에 옅은 채색, 19.3×21.3cm, 국립중앙박물관

기에 따라 구분된 것으로, 춘우수는 음력 1월에, 매우수는
음력 5월에 내린 빗물이다.

춘우수의 경우 양력으로는 매해 다르지만 봄기운이 싹
틀 때 내리는 비다. 이 빗물을 받아서 약을 달여 먹으면 양
기가 위로 오르게 된다고 그 효능을 말하는데, 이는 봄이 가
진 따뜻한 양의 기운을 담고 있어서이다. 이 물은 오르고 퍼
지는 기운을 갖고 있기 때문에 중기中氣가 부족하거나 청기
淸氣가 오르지 못해 나타나는 병증에 먹는 약을 달일 때 사용

하면 좋다. 중기는 중초°에 있는 비위의 기운을 말하는데, 중기가 부족하면 몸이 여위고 허약해지며 위 하수, 자궁 하수, 탈항 등 아래로 처지는 병증이 나타난다. 청기는 탁기濁氣와 대비되는 말로, 가볍고 맑은 기운을 뜻한다. 이러한 청기가 위로 잘 올라가고 순환이 되어야, 머리가 맑아지고 눈과 귀도 밝아지며 호흡이 원활히 편안하게 이루어진다. 또한 춘우수를 부부가 각각 한 잔씩 마시고 성생활을 하면 임신하게 된다는 재미있는 이야기도 있다. 이는 보통 양기陽氣를 남자의 기, 정력과 연결시키기 때문이다.

약이 되는 물, 눈 녹은 물 납설수

〈설중귀려도〉는 김명국의 대표적인 산수화다. 추운 겨울 친구를 방문한 선비가 작별을 고하고 길을 나서는 모습을 그린 작품인데, 발걸음을 재촉하면서도 뒤를 돌아보는 선비 일행과 사립문에 기대어 이들을 배웅하는 모습에서 이별의 아

° 삼초(三焦. 상초, 중초, 하초)의 하나. 상초는 심장과 폐, 하초는 신장·방광, 대장·소장의 기능과 관계된다.

◦ 설중귀려도
김명국, 17세기, 비단에 수묵, 101.7×54.9cm, 국립중앙박물관
눈 속에서 당나귀(려)를 타고 돌아오는 그림

쉬움을 느낄 수 있다. 이러한 내용은 중국 명대의 절파° 화가
들이 즐겨 그렸던 주제로, 화풍 역시 절파의 영향을 받았다.

°　절파의 공통된 화풍은 비대칭 구도, 강한 흑백 대비와 진한 먹 사용, 거친 필치 등을
　꼽을 수 있다.

그림의 반을 차지하는 뒤편의 산과 오른쪽 구석에 보이는 바위의 면을 붓을 옆으로 뉘어 마치 도끼로 팬 나무의 표면처럼 나타냈다. 이러한 기법을 부벽준이라 하는데, 산수화에서 주로 산이나 바위를 표현할 때 쓰는 방법으로 도끼로 찍은 자국처럼 표현하는 것을 말한다.

눈 덮인 바위산, 가지만 남은 앙상한 나무들과 인물의 옷 주름에 이르기까지 모두 화가의 날카롭고 힘찬 필치와 거칠고 강렬한 묵법이 잘 나타나 있다.

눈 중에서도 섣달(음력 12월) 납향° 즈음에 내린 눈이 녹은 물을 납설수라 하는데, 이를 정성껏 받아 독에 담아 두어 약으로 이용했다. 성질이 차가워서 돌림 열병이나 술을 마신 뒤 갑자기 열이 나는 것 등을 치료하고, 온갖 독을 풀어 주는 효능이 있으며, 이 물로 눈을 씻으면 열기로 눈이 붉어진 것이 없어진다. 책이나 옷에 바르면 좀이 슬지 않고 김장이나 과일 보관 시 사용하면 맛이 변하지 않고 오래 저장할 수 있다. 그러나 겨울이 아닌 봄의 눈 녹은 물에는 벌레가 있으므로 쓰지 말 것을 당부했다.

° 납일. 조상, 종묘사직에 제사 지내던 날. 나라마다 시대마다 달랐으며, 조선시대부터 동지(양력 12월 22~23일경)로부터 세 번째 미일(未日)을 납일로 정했다.

천리수, 증기수, 열탕

멀리서 흘러 내려온 강물인 천리수는 앓고 난 뒤 허약한 것을 다스린다. 천리수라는 이름은 물의 원천이 멀리 있다는 것을 뜻하는데, 그 거리가 반드시 천리 밖에서 흘러온 것은 아니다. 손끝, 발끝의 병에 쓰는 약과 대소변을 잘 나오게 하는 약을 달이는 데 쓴다. 먼 곳에서 흘러왔듯이 몸의 구석구석 끝까지 기운을 보내어 소통시키는 효능이 있다. 여름과 가을 사이에 비가 많이 내린 후의 강물에는 벌레나 뱀 등의 독이 들어 있어, 사람이나 가축이 많이 마시면 죽을 수 있다고 주의점도 함께 설명하고 있다.

증기수는 쌀을 찌는 시루 뚜껑에 맺힌 물을 뜻한다. 이 물을 아침마다 받아서 머리를 감으면 머리카락이 길어지고 빽빽하게 나오며 검고 윤기가 난다.

열탕은 뜨겁게 끓인 물인데, 양기陽氣를 도와주고 경락을 통하게 한다. 다리와 무릎이 시큰거리면서 아프고 사지가 뻣뻣하고 감각이 무뎌지고 저릴 때, 무릎까지 담그고 땀을 내면 좋다. 물을 끓일 때는 백여 번 끓어오르도록 충분히 끓여야 하며, 절반쯤 끓여서 먹으면 오히려 배가 불러오고 그득하여 답답함을 느낄 수 있다.

목동오수

김득신, 18~19세기, 종이에 담채,
22.4×27cm, 간송미술관

2

약으로도

버릴 곳 없는 소

긍재 김득신(1754~1822년)은 조선후기에 활약한 도화서 화원으로, 김홍도를 잇는 풍속화가로 잘 알려져 있다. 그는 풍속화뿐 아니라 산수화, 영모화, 인물화 등 다양한 그림에 두루 뛰어났다. 현재 심사정, 겸재 정선과 더불어 영조 때의 삼재라고 불리기도 했다.

낮잠(오수)을 자고 있는 목동과 이를 바라보고 웃는 듯한 소의 표정이 재미있다. 양팔을 제멋대로 내려놓고 앞섶까지 풀어헤치고 잠든 아이는 세상 근심걱정 없어 보인다. 수초가 난 개울에 발을 담근 소와 그들 위에 드리워진 나뭇

잎, 그 옆쪽으로 날아가는 새 한 마리가 평화로운 풍경이다.
소의 뿔 모양이 앞선 김시의 〈황우도〉와는 조금 또 다른 특
징을 보인다.

가족과 다름없는 소

우리 민족은 소를 생구生口라고 부를 만큼, 오랜 동반자
로 더불어 살았다. 함께 살면서 끼니를 같이하는 식구食口는
주로 가족을 뜻하며, 생구는 혈연관계는 아니지만 한집에
사는 하인이나 종을 뜻한다. 농경사회에서 소는 없어서는
안 될 소중한 존재로, 그만큼 소를 존중하였다는 의미이기
도 하다. 음력 정월의 첫 번째 축일°(상축일上丑日)을 '소의 날'
이라 했는데, 소를 위로하고 대접하는 소의 명절이라 할 수
있다. 이 날은 소에게 일을 시키지 않았으며, 쇠죽°°에 영양
가 있는 콩을 넣어 먹이기도 했다.

조선 전기의 명재상 황희 정승과 농부의 일화에서도 소

° 축일의 축(丑) 자에는 소라는 의미도 있다.
°° 쇠여물. 소에게 먹이려고 짚, 콩, 풀 따위를 섞어 끓인 죽.

를 마치 사람처럼 대우해주는 것을 볼 수 있다. 길을 지나던 황희는 밭을 가는 누렁소와 검은 소를 보고 문득 어떤 소가 더 밭을 잘 가는지 궁금해졌다. 그래서 농부에게 물었더니, 농부는 대답하지 않고 황희 쪽으로 다가왔다. 그러고는 귀 엣말로 누렁소가 일을 잘한다고 속삭였다. 그 말을 왜 굳이 귓속말로 하느냐고 황희가 묻자, 농부는 검은 소가 이를 들으면 섭섭해 하지 않겠냐고 말한다. 자신이 부리는 소일지라도 그 마음까지 헤아려주던 농부는 아마 소를 인간처럼, 가족처럼 배려했기에 이렇게 행동했을 것이다.

소의 도축을 금지하라?

과거 우리나라 사람들이 어느 정도로 소고기를 자주 먹었는지에 대해서는 학자에 따라 의견이 분분한 편이다. 삼국시대부터 고려 말까지 이어진 불교에서는 살생을 금했고, 조선시대에 들어서도 유교에서 강조하는 인(仁)의 영향 때문에 고기 먹는 것을 꺼리기도 했다. 도축업에 종사하는 백정을 천한 신분으로 무시하는 사회적인 분위기도 한몫했다. 물론 소 자체가 귀했기 때문에 힘든 일을 해주는 일꾼이자 큰 자산이기도 한 소를 쉽게 먹기 어려운 것도 현실적인 이유였다. 그 때문에 나라에서는 우금령(소 금살령)을 자주 내렸고, 우유의 금식령을 내리기도 했다. 당시 우유는 귀한 음식으로 왕족이나 상류계급 정도만 먹을 수 있었다.

그럼에도 불구하고 소를 식용으로 이용해온 역사가 오래된 만큼, 소고기 부위에 관한 단어만 해도 100여 개가 넘는다. 소의 각 부위를 이용한 음식의 종류 역시 다른 나라와는 비교가 힘들 정도로 무척 다양한 편이다. 고기를 먹고 남은 가죽은 예로부터 우리나라의 주요 수출품이기도 했다. 소의 도축을 국가에서 종종 금지했다는 말은, 달리 말하면 수시로 금지령을 내려야 할 정도로 도축이 성행했다는 얘기도 되기 때문이다. 영, 정조 시대의 기록을 참고하면 당시 도축되는 소가 전국에 걸쳐 연간 거의 40만 마리에 이르렀다는 문장도 찾아볼 수 있다.

약으로도 버릴 곳 없는 소

소의 젖인 우유, 사골 국을 끓여먹을 때 사용하는 뼈(우골)를 비롯하여 천엽(우백엽)°도 음식으로 이용하는 부분이다. 꼬리곰탕이나 소머리국밥 같은 음식까지 떠올리고 나면, 도대체 소의 부위 가운데 먹지 않는 곳이 어디 있을까 싶을 정도다. 이처럼 버릴 곳 없는 소는 약으로도 고루 이용되는 편이다. 현대인들은 곱창(소나 돼지의 작은창자), 대창(소의 큰창자), 막창(소의 제4위, 네 번째 위) 등 육부°°에 속한 것들을 즐겨 먹지만, 『동의보감』에는 소의 오장(우오장)을 약으로 이용한다고 기록하고 있다. 소의 간은 눈을 맑게 하고 이질을 낫게 하며, 염통(심장)은 잘 잊어버리는 증을 낫게 한다. 지라(비장)은 치질을 낫게 하고, 허파(폐)는 기침을 멎게 하며, 콩팥(신장)은 사람의 신장을 보한다.

이 외에도 뇌(골수), 침, 이빨, 코, 귀지, 밥통(반추위, 양), 쓸개, 음경, 똥, 오줌, 쇠뿔 속심, 소 입속에서 되새김질한 풀, 우두제(소의 뿔을 묶었던 올무)까지 소에 관련된 것이라면 어디 하나 빼놓을 곳 없이 다양하게 약으로 활용했다.

° 소나 양, 사슴 등 반추동물의 제3위, 세 번째 위를 말한다.
°° 담(쓸개), 소장(작은창자), 위, 대장(큰창자), 방광, 삼초.

중국과는 다른 우리나라의 우황청심원

앞서 「심장 마음을 보여주다」에서 이야기했던 우황청심원은 중풍, 뇌질환, 심장성 질환, 신경성 질환에 쓰이는 약으로, 우리나라를 넘어 중국까지 그 이름이 알려진 명약이다. 중국 송나라 때 문헌에서 그 기원을 찾을 수 있지만, 허준의 『동의보감』에 수록된 이래 우리 고유의 처방으로 발전해 왔다. 중국의 우황청심환과는 그 처방의 구성이 다르며, 약효 또한 우리나라 것이 강하고 치료 범위가 넓다. 이름도 우리 것은 우황청심원, 중국은 우황청심환으로 다르다. 우리나라에서 만들어지는 우황청심원에는 우황, 사향을 비롯하여 30여 가지 재료가 들어가지만, 중국산은 대개 약재의 종류가 적다.

『열양세시기』°에서도 "납일에 내의원 등에서 각종 환약을 만드는데 이와 같은 풍속은 널리 보급되어 있다. 이들 환제 가운데서 특효가 있는 것은 청심원과 소합원°°이다. 연경(베이징) 사람들은 청심원을 기사회생의 신약이라 하여 우리

° 1819년(순조 19년), 김매순이 지은 한양의 연중행사를 기록한 책.
°° 여러 종류의 위장병을 치료하는 처방, 토사곽란을 다스린다.

◇ 우황청심원

사신이 연경에 들어가기만 하면 왕공·귀인이 서로 다투어 이 것을 달라 하니 들볶이는 것이 귀찮아 처방을 가르쳐 주어도 만들지 못하는 것이 약반(약밥, 약식)을 못 만드는 것과 마찬 가지이다. 참 이상한 일이다. 어떤 사람이 말하기를 연경에는 우황이 없어서 타황(낙타에서 얻은 우황)을 대용하기 때문에 처 방에 따라 만들어도 효능이 나타나지 않는다고 한다. 사실 여 부는 알 수 없다"고 그 명성을 기록하고 있다.

　『동의보감』에서는 우황청심원이 갑자기 풍을 맞아서(졸 중풍) 정신을 차리지 못하고, 입과 눈이 비뚤어지며 팔다리 를 쓰지 못하는 증상을 치료한다고 말한다. 우황·인삼·산 약(마)·사향·방풍 등 약 30여 가지 약물을 가루 내어 대추고°와 졸인 꿀을 섞어 반죽한 후 금박을 입혀 만든다.

이 약은 중풍(뇌졸중), 의식장애, 경련, 마비에 사용하는데, 많은 의학서에서 구급약으로 소개하고 있다. 고혈압, 협심증, 신경과민증, 신경성 불안증 등에도 활용할 수 있다.

이처럼 우황청심원은 그 효능을 인정받은 명약이지만 처방에 포함된 진품의 사향·우황 및 서각(코뿔소 뿔)·영양각(영양 뿔) 등의 약재를 구하기가 힘든 문제가 있다.

또한 워낙 유명한 처방이다 보니, 누구나 쉽게 구해 복용할 수 있는 환경이 조성되어 남용될 때가 많은데 그 효능이 강하고 부작용의 위험이 있으므로 주의해야 한다. 마음을 안정시키고 불안감을 해소하기 위한 목적으로 우황청심원을 많이 찾지만, 오히려 가슴이 두근거리거나 어지러운 등의 부작용이 나타나는 경우도 적지 않다. 그렇기 때문에 자신의 체질과 증상에 대해 충분히 한의사와 상담을 하고 진단에 맞게 적절히 이용하는 것이 좋다.

○   대추를 뭉근히 끓여 씨를 제외하고 살만 발라 오랫동안 고은 것.

납제, 임금이 내리는 약

조선시대에 매해 납일에 임금이 신하에게 내려 주던 약을 납약이라 하는데 '납제'라고도 한다.

'납臘'은 섣달(음력12월)을 뜻하기도 하는데, 납일 즈음에 내의원에서 청심원·안신환·소합원 등의 환약을 만들면 임금은 가까운 신하들에게 이를 하사했다. 소합원은 토사곽란(토하고 설사하여 배가 아픈 증상)에, 안신환은 놀란 것을 진정시키고 열병을 치료하는데 쓰였다. 이러한 환약을 만들 때, 납설수(납일에 내린 녹은 물)를 사용하기도 했다.

산초백두도

김정,
1520~1521년, 종이에 수묵,
32.1×21.7cm, 개인 소장

3

후추가 없다면

산초

산초나무에 앉아 있는 두 마리의 새를 그린 김정(1486~
1521년)의 그림이다. 교차하는 두 줄기 나뭇가지에 각각 한
마리씩 새가 앉아 있다. '백두'라는 이름처럼 새의 머리 부근
에 하얗고 동그란 두 개의 원이 보인다. 백두조는 할미새 혹
은 할미새사촌이라고도 한다. 산초나무의 다른 이름이 분디
나무이고, 산초나무를 좋아하는 할미새사촌의 또 다른 이름
이 분디새이기 때문에 그림 속 새는 할미새사촌이라는 설명
이다. 화면 위쪽의 새는 아래쪽 새를 보고 있지만, 아래쪽 새
는 한껏 웅크린 채 고개를 숙이고 있다. 서로의 마음이 닿지

◇ 산초 가시(왼쪽)와 열매(오른쪽)

않는 듯 안타까운 느낌을 준다.

　이 그림은 김정이 제주에서 귀양살이할 때 그린 것으로 알려졌다. 그는 조선 중종 때의 문신이자 화가였다. 조광조와 함께 개혁정치를 펼치고자 했지만, 기묘사화에 연루되어 귀양을 갔다가 36세의 젊은 나이에 사약을 받는다. 시서화에 모두 능했으며, 특히 화조화, 영모화를 잘 그렸다고 한다.

　그가 살았던 조선 초기에 그려진 영모화는 현재까지 전해지는 것이 아주 적은데, 특히 문인이 그린 것은 극히 드물다. 임진왜란 등 크고 작은 전쟁을 거치면서 소실되기도 했지만, 사화로 인해 숙청당한 문인들의 작품은 더욱 더 남아 있기 힘들었을 것이다.

훗날 유몽인°(1559~1623년)은 가시가 많은 산초나무에 앉은 백두조의 그림을 보고 다음과 같은 시를 지었다고 한다. "가시나무에 살면 찔리기는 하지만 높이 날아 매에 잡아 먹힐 걱정은 없지 않느냐."

액운을 막는 매운 맛

산초나무는 열매가 많기 때문에 회임(임신), 다산이라는 주술적 의미가 있다. 괴질(원인을 알 수 없는 이상한 병), 불운 등을 물리치는 벽사°°의 의미도 가지는데, 이는 산초나무에 많은 가시와 그 특유의 향과 매운 맛이 나쁜 기운을 물리친다고 믿었기 때문이다.

산초의 매운 맛을 내는 성분은 산쇼올Sanshol로, 국부마취, 진통, 항균, 살충작용이 있다. 그래서 예로부터 민간에서

° 조선 중기의 문장가, 설화 문학의 대가. 호는 어우당. 『어우야담』의 작가로 유명하다. 인조반정 이후 관직에서 물러나 방랑 생활을 하였으나, 역모로 몰려 사형당했다.

°° 辟邪. 귀신을 물리치는 것 또는 재앙을 물리치는 일.

는 벌에 쏘이거나 뱀에 물렸을 때, 생선 독에 중독되었을 때도 산초를 사용했다.

산쇼올 성분은 미각과 후각을 마비시키는 자극성이 있어 생선의 비린내를 없애는 데도 효과적이다. 그래서 우리 조상들은 오래전부터 요리할 때 산초를 양념으로 사용해왔다. 고려시대 『향약구급방』˚에서는 산초를 향신료로 기록했고, 조선시대 『중종실록』에서는 부족한 후추 대신 산초를 활용하라는 내용이 있다. 고려시대에 송나라와의 교역으로 도입된 후추는 조선왕조에 이르러 주로 일본을 통해 수입했지만, 그 양은 적어 상류층에서 주로 사용하고 있었다. 게다가 삼포왜란˚˚ 이후 일본과의 수출입에 문제가 생기면서, 후추는 더욱 부족하게 되었다. 그래서 호초(후추의 약재명)를 약에 쓰는 것은 어쩔 수 없지만, 그 나머지 음식에 조미하는 것은 천초(산초)로 대용할 것을 제안한 것이다.

이러한 산초의 이명은 천초, 촉초, 파초, 남초, 점초, 진초, 한초 등 다양하다. 엄밀히 구별할 때는 산초와 천초가 다

˚ 1236년에 간행한 향약에 관한 책으로, 우리나라에 전해오는 가장 오래된 의방서. 우리나라에서 나는 약재로 질병을 치료하는 방법과 처방을 모아 놓았다.
˚˚ 1510년(중종 5년) 부산포·내이포·염포 등 삼포에서 거주하고 있던 왜인들이 대마도 도주의 지원 하에 일으킨 대규모 폭동. 그 결과 왜관이 폐지되고 교역 역시 중지되었다.

르다고 하지만, 일반적으로는 구분하지 않고 혼용해서 부를 때가 많다.

산초나무=초피나무가 아니다?

한약재로 사용할 때는 보통 '촉초'라고 부르는데, 산초나무(학명 Z. schinifolium S. et Z.) 외에도 초피나무(Zanthoxylum piperitum)와 화초(Z. bungeanum Maxim.)의 과피(열매껍질)를 사용한다.

○ 촉초 가시(왼쪽)와 열매(오른쪽)

산초나무와 초피나무에는 약간의 차이가 있는데 대표적인 것이 가시의 위치이다. 산초나무는 〈산초백두도〉 그림의 나무처럼 가시가 어긋나 있는데 반해, 초피나무는 마주나 있다. 초피나무는 제피나무라고도 부르는데, 초피나무의 열매를 천초라고 한다. 천초는 추어탕 등 민물고기의 비린내를 없앨 때 자주 사용한다.

촉초는 속을 따뜻하게 하여 비위가 찬 증상을 치료하고, 설사를 멈출 수 있다. 살충, 구충의 효능이 있어 기생충으로 인한 복통에도 사용 가능하다. 통증을 줄여주기 때문에 치통이 있을 때도 효과적이다.

모든 약은 독이 될 수 있다?

촉초는 유독한 성분이 있는 약재로, 껍질이 벌어지지 않고 닫혀 있는 것을 특히 유의해야 한다. 이처럼 우리가 먹는 약재에는 독이 있는 것들이 적지 않다.

또한 "약은 곧 독", "무독한 것은 음식이고, 유독한 것은 약"이라는 말처럼, 모든 약은 독이 될 수 있다. 아무리 좋은 약이라도 나의 증상에 맞지 않으면 오히려 부작용이 생길 수 있으므로, 적절한 복용법을 준수해야 한다.

역사 속에는 '사람을 죽이기 위한' 사약이라는 약이 등장한다. 사약의 재료나 배합에 대해 정확히 밝혀진 것은 없지만, 비소(As), 수은(Hg) 같은 중금속이나 천남성, 부자 등 독성이 강한 약재를 사용했던 것으로 추정된다.

하지만 사약으로 사용하는 유독한 약재라도 용량을 조절하거나 독성을 줄여주는 다른 약재와 함께 사용하는 등 여러 방법을 활용하면, 우리 몸에 해를 끼치지 않고 치료 목적으로 복용할 수 있다.

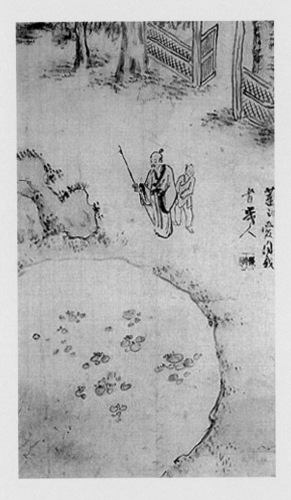

애련도

최북, 18세기, 종이에 수묵 담채,
55×32.5cm, 개인 소장

4

어혈을 풀어주는

군자의 꽃

"내가 오직 연꽃을 사랑함은, 진흙 속에서 났지만 물들지 않고, 맑은 물결에서 씻어도 요염하지 않으며, 속은 비어 있고 밖이 곧으며, 덩굴지지 않고 가지를 치지도 않기 때문이다. 향기는 멀어질수록 더욱 맑고 우뚝한 모습으로 깨끗하게 서 있어, 멀리서 바라볼 수는 있어도 함부로 할 수 없다. 그러므로 연은 꽃 중에서 군자라 하겠다."

중국 북송시대의 주무숙이 남긴 「애련설」의 내용이다. 주무숙(주돈이)은 성리학의 기초를 닦은 유학자이다. 특히

'우주의 본체는 무극이태극'이라 했는데, 이는 한의학과도 관련이 깊다°.

이러한 애련설을 주제로 그린 최북(1712~1786?)의 그림이 바로 〈애련도〉다. 최북은 산수화에 능했는데, 특히 "사람들은 모두 중국 산수의 형세를 그린 그림만을 좋아하고 숭상하면서 조선의 산수를 그린 그림은 그림이 아니라고까지 이야기하지만 조선 사람은 마땅히 조선의 산수를 그려야 한다"며 진경산수를 강조했다.

군자와 선비, 풍요와 다산의 꽃

연꽃을 그린 그림을 연화도라 하는데, 하화도라고도 부른다. 연꽃은 그 모습이 아름다울 뿐 아니라, 여러 의미를 내포하고 있어 다양한 화풍으로 그려졌다. 크게 수묵과 채색 두 가지로 나눌 수 있는데, 수묵은 주로 문인들이 그렸다. 애련설에서도 알 수 있듯이, 유교에서는 연꽃을 군자君子의 꽃으로 칭하며 귀하게 여겼다. 채색은 궁중회화나 민화가 많

° 이에 대한 내용은 5장, 「일월오봉도 속 음양오행의 원리」에서 확인할 수 있다.

◇ 연화도

강세황, 18세기, 종이에 수묵, 27.8×25.7cm, 국립중앙박물관

다. 민화는 주로 병풍화로 제작되었는데, 연꽃 외에도 다른 꽃과 새, 물고기 등을 함께 그린 그림이 많다.

연꽃은 다시 두 가지 종류로 나눌 수 있다. 물 위로 줄기가 높이 솟으며 꽃과 잎이 큰 '하화'와 꽃과 잎이 수면에 떠 있는 듯 보이는 '연화'이다. 우리나라에서 연꽃이라 부르는 것은 주로 하화로, 연꽃을 소재로 그린 그림에서도 역시 하화의 모습을 많이 담고 있다.

연꽃과 열매(연자, 연밥) 그림은 '귀한 자식을 연이어 얻는다'는 뜻을 담고 있고, 연꽃과 연방(연밥이 들어 있는 송이), 연뿌리(연우)를 함께 그린 그림은 '좋은 인연으로 귀한 아들을 빨리 낳기를 기원한다'는 의미가 있다. 이는 대부분의 식물이 꽃을 피운 다음 열매가 맺히는 것과 달리, 연꽃은 화과동시花果同時(꽃과 열매가 동시에 맺힌다)의 꽃이기 때문이다. 또한 연방은 여러 개의 씨가 촘촘히 한데 모여 있는 모양으로, 다자다복多子多福(아이가 많을수록 복도 많이 생긴다)을 상징한다.

밥으로도 약으로도 먹는 연

연의 잎, 열매, 뿌리 등 거의 모든 부분은 식용으로, 그리고 약용으로 널리 이용되어 왔다. 연근(연 뿌리)을 재료로 한 음식으로는 정과°, 저냐°°(전), 죽(연근죽) 등이 있으며 조림, 튀김, 무침, 절임 등 다양한 요리 방식으로 활용할 수 있

°   건과·근채(뿌리채소, 뿌리 또는 땅속줄기를 먹는 채소)·과일 등을 꿀에 조리거나 잰 음식.
°°   연근저냐. 생연근을 강판에 간 다음 굵은체로 걸러서 물을 빼고 밀가루와 소금을 섞어 큼직하게 둥글려 기름에 지진 음식.

다. 김치나 물김치를 담그기도 한다. 연밥은 은은한 단맛이 있는데 구우면 마치 옥수수 같은 단맛이 나며, 우리나라에서는 장아찌나 죽(연자죽) 등으로 먹었다. 갓 나온 연한 연잎을 따서 살짝 데쳐 쌈을 싸먹거나, 연잎을 넣고 술(연엽주, 연잎술)을 빚기도 한다. 연의 어린잎을 채엽하여 차로도 마시는데, 조금 특이한 것으로 연꽃이나 연잎에 맺힌 이슬을 모아 끓인 하로차荷露茶가 있다.

『동의보감』에서 약으로 쓰는 연의 부위는 연꽃(부용, 연화), 연밥(연실, 연자, 연자육), 연밥의 심, 연뿌리, 연뿌리 즙, 연잎 등 다양하다.

이 중 연꽃은 마음을 진정시키고, 몸을 가볍게 하고 얼굴을 늙지 않게 한다. 특히 꽃술인 연화예는 정기가 새는 것을 막아준다.

근경(뿌리줄기)° 중에서도 그 마디를 '우절'이라 하는데, '연근'으로도 부른다. 우절은 어혈을 제거함으로써 지혈하는 효과가 있는데, 각혈·토혈·코피·대소변 출혈·치질·자궁 출혈 등 각종 출혈증을 다스린다. 『동의보감』에서는 옛날

° 뿌리처럼 땅속으로 뻗어서 자라나는 땅속줄기이다.

송나라의 태관°이 연뿌리의 껍질을 벗기다가 실수하여 양의 피를 받아 놓은 그릇에 떨어뜨렸는데, 그 선지피가 엉기지 않는 것을 보고 연뿌리가 어혈을 풀어줄 수 있다는 것을 알 게 되었다고 한다.

° 궁중의 음식 및 제사나 연회를 관장하는 관리.

연우와 부용

우리가 음식으로 자주 접하는 연근은 글자 그대로 해석하면 연의 뿌리이다. 하지만 정확히 말하면 뿌리줄기가 맞다. 얼핏 볼 때 뿌리처럼 보이기 때문에 일반적으로 연뿌리라고 부르지만, 이는 줄기의 특수 형태이다. 연근의 또 다른 이름으로는 '연우'가 있는데, 이때 우藕는 그 자체로 연근, 연뿌리라는 뜻을 가진다. 그래서 연 뿌리줄기의 마디를 우절藕節이라고 부른다.

부용은 연꽃을 부르는 말로 쓰이지만, 또 다른 식물을 뜻하기도 한다. 연꽃이 수련과에 속한 여러해살이 수초인데 반해, 부용은 아욱과의 낙엽 관목이다. 즉 물이 아닌 산과 들에 자라는, 높이 1~3m의 나무다. 부용꽃의 생김새는 같은 아욱과의 낙엽관목인 무궁화와 닮았으며, 열을 내리고 종기나 상처를 치료하는 효과가 있다.

세한도

김정희, 1844년, 수묵화, 23×69.2cm,
국보 180호, 국립중앙박물관

5

날이 차가워진 다음에야

그 푸름을 안다

조선 후기 추사 김정희(1786~1856년)의 그림으로 국보 제
180호로 지정되었다. 김정희는 추사체를 만들어낸 서예가
이자 문장가, 화가, 실학자이며 금석학°에도 조예가 깊었다.
그는 시서화에 모두 능했지만, 〈세한도〉는 전문적인 화가의
그림이라기보다는 문인화의 대표작으로 그 가치를 인정받
고 있다. 작은 집 한 채, 잎이 거의 다 떨어진 노송, 그리고

° 동기, 철기, 석비 등에 새겨진 명문을 연구하는 학문. 역사학의 보조 학문이자 문자
학의 주요 분야이다.

세 그루의 잣나무로 이루어진 그림은 쓸쓸한 느낌을 준다. 그는 표현하고자 하는 마음을 드러내는 데 필요한 최소한의 요소만 그려내고 나머지는 충분한 여백으로 남겼으며, 왼쪽에는 간단한 글(발문)을 덧붙였다.

〈세한도〉는 제주도 유배 시절의 작품으로, 제자 이상적(1804~1865년)에게 그려준 것이다. 당시 역관°으로 중국을 여러 번 다녀온 이상적은 그때마다 구하기 힘든 최신의 서적들을 스승 김정희에게 전해주었다. 권세를 따르지 않고 귀양살이 하는 힘없는 자신에게 귀한 책을 아낌없이 나눈 그를 생각하며 추사는 다음과 같은 글을 남겼다.

"공자께서는 '가장 추운 시절에 된 뒤에야 소나무와 잣나무(송백)가 푸르름을 간직하고 있음을 안다'고 하셨다. 송백은 본디 사철 푸르러 잎이 지지 않으니 세한°° 이전에도 송백이요 세한 이후에도 송백인데, 성인께서는 특별히 세한 이후를 칭찬하셨다. 지금 그대가 나를 대함을 보면, 내가 곤경을 겪기 전에 더하지도 않았고 곤경에 처한 후에 덜하지도 않았다."

〈세한도〉「발문」 중에서

°   고려와 조선시대에 통역, 번역 등 역학에 관한 업무를 담당하였던 관리.
°°   歲寒, 설 전후의 추위. 몹시 추운 한 겨울의 추위를 일컫는 말.

세한도는 소동파°의 〈언송도〉에서 영감을 받은 작품이다. 소동파의 유배시절, 아버지를 위로하기 위해 아들이 멀리에서 찾아온다. 소동파는 그에 대한 반갑고 고마운 마음을 〈언송도〉라는 그림을 그려 전했다. 이 그림은 전해오지 않았지만, 김정희는 〈언송도〉에 남긴 소동파의 글을 기억했다. 그리고 아들에게 그림을 통해 감사를 전한 소동파처럼, 제자 이상적에 대한 고마운 마음을 〈세한도〉에 담아 보냈다.

우리 민족과 함께해온 소나무

소나무는 우리나라 사람들에게 가장 사랑받는 친근한 나무가 아닌가 싶다. 대한민국 전 지역에 분포하고 있는 소나무는 굵고 큰 몸집을 가져 목재로도 오랫동안 이용되었다. 집을 짓고 배를 만들며, 생활에 필요한 가구, 주방용품(주걱·그릇), 농기구 등 소나무를 활용하지 않는 곳을 찾기 힘들 정도로 그 쓰임새는 무궁무진하다.

° 　중국 북송 때의 시인. 유가뿐 아니라 도가와 불가까지 폭넓은 사상을 가져, 그의 시는 철학적 요소가 짙었다.

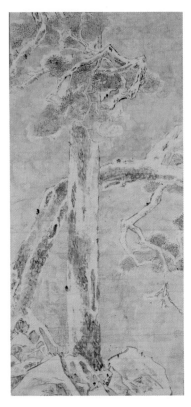

◇ 송화도
이인상. 국립중앙박물관

소나무는 식품으로도 의미가 있다. 그 중에서도 소나무
의 껍질은 구황식품으로 이용되었다. 먹을 것이 부족할 때
끼니를 때우기 위한 초근목피(풀뿌리와 나무껍질)의 대표 주자

였던 것이다. 조선시대의 기본 법전이었던 『경국대전』에서
는 백성들이 평상시 비축해두어야 할 식량으로 송피(소나무
껍질)와 솔잎을 소개했으며, 흉년이 들었을 때 대처하는 방
법을 적은 책 『구황촬요』°에도 송기(소나무의 속껍질)와 솔잎
을 언급하고 있다.

또한 『조선왕조실록』 1434년 2월 기록을 보면, 경상도
진제경차관°°이 "기근이 심할 때 빈민들을 굶주림에서 벗어
나도록 돕는 구황식품으로 상수리가 가장 좋고 다음이 송피
이옵니다. 굶주린 백성이 소나무껍질을 벗겨 식량으로 하도
록 허가하여 주옵소서"라고 했다. 농업 분야에 관심이 많아
『임원경제지』를 저술한 정조 시대의 실학자 서유구는 "촉나
라에는 토란이 있어 백성들이 덕분에 굶주리지 않았고, 우리
나라의 경우는 소나무 껍질과 칡뿌리로 크게 기근을 구제할
수 있었으니 이는 모두 징험할 만한 일로 이미 시험해 효험을
본 것입니다"라고도 하였다.

소나무에 있는 약성

소나무의 속껍질은 출혈을 멎추며, 설사를 멎게 하는 효과가 있다. 쌀가루와 섞어서 떡(송기떡)이나 죽을 만들어 먹기도 했다. 솔잎(송엽, 송모)은 다리가 붓고 저리거나, 피부가 헐고 가려울 때, 머리가 빠질 때 효과가 있으며, 이 역시 죽이나 떡으로 먹었다. 추석에 먹는 송편도 솔잎을 이용한 떡 중의 하나이다. 소나무 마디(송절)는 근육과 관절에 통증이 있고 뼈마디가 아픈 데 도움이 되어, 다리가 약하고 아플 때 술(송절주)로 담가 먹기도 한다. 소나무의 꽃가루(송황·송화)는 기를 보해주어 몸을 가볍게 하는데, 다식, 약과의 재료로 많이 사용했다. 소나무를 태워 생긴 그을음으로 만든 먹(송연묵)도 약으로 쓸 수 있다. 피를 멎추고 새살이 나오게 하는 작용이 있어, 출산 후 어지럼증이나 하혈에 효과가 있다. 쇠붙이에 다쳤을 때도 활용 가능하다.

이밖에도 열매인 솔방울(송실), 나무에서 분비되는 끈적한 액체인 송진(송지, 송고, 송방), 소나무 가지를 태워 받은 기름인 송저(솔기름) 등 소나무의 다양한 부분을 약재로 이용해왔다.

소나무 곁의 약재들

소나무에 기생하거나 근처에 사는 다른 생물들을 약으로 이용한 경우도 많다. 그 예로 소나무 겨우살이, 소나무껍질에 돋은 이끼(송수피상녹의), 송이버섯, 복령 등이 있다.

『동의보감』에 이르길, 송이버섯은 산에 있는 늙은 소나무 밑에서 솔기운을 받으면서 돋은 것인데, 나무버섯 가운데서 제일이라고 한다. 송이버섯은 항암작용이 있으며, 소변이 탁하게 나올 때도 도움이 된다.

소나무 겨우살이(송라)는 가슴에 맺힌 열을 없애고 마음을 진정시켜 잠을 잘 자게 한다. 송라에서 우스닌산usnic acid 성분을 추출하여 살균제로도 활용하는데, 이를 '송라산'이라고도 부른다.

四

신화와 풍습 속에서 약재를 찾아보다

우리나라의 명절에는 홀수(양수°)가 겹친 날이 많다. 설
설날(1월1일)과 단오(5월5일), 삼짇날(3월3일), 칠석(7월7일), 중
양절(9월9일) 등은 양수가 겹친 중양重陽의 날이다. 이런 날은
운이 좋고 상서로운 길일로 생각했다. 중양절에 강남으로 갔
던 제비가 돌아오는 삼짇날에는 나비도 오는데, 특히 노랑나
비나 호랑나비를 보면 그해 운이 좋고 소원을 성취한다고 믿
었다. 그림에 등장하는 나비는 장수를 상징한다. 삼짇날에
는 쑥떡과 고리떡(찹쌀에 송기, 쑥을 넣어 만든 떡)을 먹고, 화면
花麵(오미자 국물에 녹말가루로 만든 가는 면과 잣을 넣은 음료)을 마
셨다.

견우와 직녀가 만나는 칠석날에는, 부녀자들이 참외나
오이 같은 과일을 차려놓고 바느질 솜씨가 늘기를 빌었다. 이
는 직녀織女가 직물과 비단을 짜는 일을 했기 때문에 생긴 풍
속으로 걸교°°라고 한다. 〈초충도〉 속 참외와 오이는 덩굴식
물로 장수와 자손번창을 의미한다.

°　　陽數. 수학의 양수(0보다 큰 수)가 아니라, 음양을 구분할 때의 양수 즉 홀수를 뜻한다.
°°　乞巧. 교묘하고 솜씨 있는 재주를 구한다, 소원한다.

중양절은 시기상 국화가 만발하여 국화절로도 부르는 데, 장수에 좋은 국화주°를 마시고 국화전을 만들어 먹었다. 이렇게 명절 음식에 들어가는 쑥(애엽)과 오미자, 국화(감국)°°는 한약재로도 자주 사용되는 것들이다.

단군에 대한 신화에서도 쑥과 마늘이 등장한다. 사람이 되길 원한 곰이 백 일간 동굴에서 이것만 먹고 견뎌 여인(웅녀)이 되었는데, 그녀가 곧 단군의 어머니이다. 마늘(대산)은 성질이 따뜻해 풍습風濕을 없애고 위를 따뜻하게 한다. 여성 질환에 다용하는 쑥을 먹고 여자가 된 것도 흥미롭다.

이제 〈풍속도〉, 〈초충도〉를 비롯한 다양한 옛그림을 보며 그 속에 담긴 조상들의 기원과 소망의 마음을 읽어보자. 더불어 무병장수와 불로장생을 바라며 먹었던 음식과 한약재를 함께 살펴보자.

° 『동의보감』「탕액편: 곡식」에서는 국화주가 오래 살게 하며, 풍으로 어지러운 것을 치료한다고 소개한다.

°° 감국은 열을 내리고 눈을 밝게 해주는 효능이 있다.

몽유도원도
안견, 1447년,
비단 바탕에 먹과 채색, 38.7×106.5cm,
일본 천리대학

1

수명을 늘려주는

낙원의 꽃

조선 전기의 화가 안견의 산수화다. 안평대군°이 꿈에서 본 광경을 안견에게 말하여 그리게 한 것으로, 꿈속에서 여행한 복사꽃 마을을 담고 있다.

그림과 시문이 17m, 11m를 넘는 2개의 두루마리로 나누어 표구되어 있으며, 오른쪽부터 안평대군이 쓴 '몽유도원도' 제목과 시문, 안견의 그림이 있고 이어서 안평대군의 발

° 세종대왕의 셋째 아들, 둘째 형 수양대군(세조)에 의해 죽임을 당하였다. 시·그림·가야금 등에 능하고 특히 글씨에 뛰어나 당대의 명필로 꼽혔다.

문°, 21명 문사의 찬문으로 구성된다. 일반적인 두루마리 그림은 오른쪽에서 왼쪽으로 내용이 전개되는데 반해, 〈몽유도원도〉는 왼쪽 아래로부터 오른쪽 위의 사선 방향으로 이야기가 펼쳐진다. 이야기의 시작인 왼쪽은 현실세계를, 중간에는 도원으로 가는 길에 있는 절벽과 동굴을, 마지막으로 도착한 오른쪽은 무릉도원을 그렸다. 현실세계의 완만한 토산°°에서 무릉도원의 높고 기이한 암산(돌산, 바위산)까지 산들은 오른쪽으로 갈수록 점점 험해진다.

〈몽유도원도〉는 삼원법(평원, 고원, 심원)을 골고루 사용한 대표적인 그림이다. 왼편은 평원법°°°과 고원법°°°°으로, 오른편은 마치 비행기에서 내려다본 듯한 부감의 심원법으로 묘사했다. 이러한 부감법으로 높은 산에 둘러싸여 쉽게 접근할 수 없는 신비한 도원의 모습을 더욱 강조했다.

이렇게 여러 가지 시점으로 자연 경관을 보는 삼원법°°°°°은 서양의 풍경화에서 사용하는 투시원근법과는 다르지만,

---

° 책의 끝부분에 본문 내용의 대강, 간행 경위 등을 간략하게 적은 글.
°° 土山. 돌이나 바위 없이, 대부분 흙으로만 이루어진 산.
°°° 앞산에서 뒷산을 바라보는 수평적인 시각으로, 공간의 넓이를 표현.
°°°° 산 밑에서 높은 봉우리를 올려다볼 때의 모습으로, 산의 높이를 강조할 때 사용. 삼원 중에서 가장 보편적.
°°°°° 앞에 있는 산에서 뒤에 있는 산들을 들여다볼 때의 모습. 산의 깊이를 강조할 때 사용.

원근을 표현하는 또 다른 방법이다.

〈몽유도원도〉 속 무릉도원에는 복사꽃 핀 나무와 대나무, 집, 물가의 배가 있다. 이곳에 사는 사람이나 동물은 전혀 보이지 않는데, 이것이 다른 도원도와는 구별되는 차이점이다.

안견은 이 그림을 3일 만에 완성했고, 안평대군이 글을 썼다. 여기에 그의 꿈에 나왔던 박팽년, 신숙주, 최항을 비롯해 김종서, 성삼문, 이개, 하위지 등 이십여 명이 소감을 적었다. 당대 최고의 문인들이 친필로 작성했기에, 서예와 문학적 측면 모두에서 가치 있는 자료이다. 〈몽유도원도〉는 그림, 시, 글씨가 함께 어우러진 걸작으로, 조선 초기의 문화예술을 한껏 꽃피운 걸작이라 할 수 있다.

대군의 꿈이 불러낸 동양의 파라다이스

이 그림은 안평대군의 꿈으로부터 시작되었다. 하지만 그 배경에는 중국 진나라의 시인 도연명이 지은, 그의 대표작 「도화원기」가 있다. 「도화원기」는 전쟁에 시달리던 백성들이 바라는 평화로운 세상에 대한 이야기로, 그 내용은 다음과 같다.

무릉에 사는 한 어부가 배를 타고 가다가 복숭아꽃 가득한 숲 속에서 길을 잃었다. 그러다 숲의 끝에 이르러 동굴을 발견했는데, 이를 지나자 어떤 평화로운 곳에 이르렀다. 그곳에서는 논밭과 연못이 모두 아름답고, 닭소리와 개 짖는 소리가 한가로우며, 남녀와 노소가 어울리며 즐겁게 살고 있었다. 그들은 진나라의 전란을 피하여 그곳까지 온 사람들이었는데, 수백 년 동안 바깥세상과의 접촉을 끊고 살아 속세의 일은 모르고 있었다. 그는 융숭한 대접을 받고 돌아오게 되었는데, 그곳의 이야기는 입 밖에 내지 말라는 당부를 받았다. 그러나 이 당부를 어기고 돌아오는 도중에 표시를 해두었으나, 다시는 찾을 수가 없었다고 한다.

여기에는 노자의 무위°, 소국과민(작은 나라에 적은 백성, 즉 문명의 발달이 없고 욕심 없는 무위의 이상사회) 사상이 밑바탕을 이루고 있다. 도연명의 이상향, 유토피아를 그린 이 글은

° 無爲. 중국의 노장 철학에서, 자연에 따라 행하고 인위를 가하지 않는 것. 인간의 지식이나 욕심이 오히려 세상을 혼란시킨다고 여기고 자연 그대로를 최고의 경지로 본다.

◇ 도원행주
안중식, 1915년, 비단에 채색, 국립중앙박물관 소장.
화면 가운데쯤 배를 타고 가는 어부의 모습이 보인다.
청록산수의 대작으로 평가받는다.

수명을 늘려주는 낙원의 꽃

이후 문학과 예술의 주요 소재가 된다.

중국뿐 아니라 조선에서도 무릉도원을 주제로 많은 그림을 그렸다. 이징(1581~1653년 이후)·조속(1595~1668년)·장시흥(1714~1789년 이후)의 〈도원도〉, 이하곤(1677~1724)의 〈도원문진도〉, 안중식(1861~1919년)의 〈도원문진〉, 〈도원행주〉, 허백련(1891~1977년)의 〈무릉도원도〉 등이 그것이다. 이는 한국의 대표적인 근대 서양화가인 이중섭(1916~1956년)의 〈도원〉에까지 이어져 영향을 주었다.

낙원에 피는 꽃

도연명이 묘사한 도화원은 '무릉도원'이라는 명칭으로 동양의 낙원, 파라다이스를 대표하는 단어가 되었다. 무릉도원이란 무릉에 사는 어부가 발견한 도원이라는 뜻이다. 여기서 도원이란 복숭아 숲이 끝나는 곳을 말한다. 복숭아 꽃 잎이 떠내려 오는 물길을 따라가다 만난 복숭아 숲이 끝나는 곳, 그곳이 바로 이상향의 입구인 동굴이다. 도연명의 묘사에 따르면 이상향은 복숭아꽃이 흐드러지게 핀 곳이 아니라 복숭아 나무숲이 끝난 곳의 동굴을 지나야 나오는 곳일

◇ 신선(부분)

국립중앙박물관.

불로장생을 논하는 세 노인을 다룬 소동파의 글을 그림으로 옮겼다.

텐데, 어째서인지 그 뒤로 이상향은 대부분 복숭아꽃이 만
발한 곳으로 그려졌다. 심지어 조선 후기의 화가 김수철이
그린 〈무릉춘색도〉에는 "복숭아나무 심은 곳마다 무릉도원
의 봄인데, 어찌 반드시 구름 속으로 가 나루터를 묻는가"라

는 화제°시가 있다. 복숭아나무를 심은 곳이 곧 무릉도원이
라니, 복숭아나무는 이상향을 나타내는 대표적인 상징물이
아닌가 싶다. 그리고 이러한 낙원의 복숭아는 신선이 먹는
선과仙果이자 불로장생의 묘약으로 묘사되곤 한다.

복사꽃과 열매의 효능

복숭아는 예로부터 생명력, 다산, 행복, 부귀, 수복장생
등을 상징한다. 악귀를 쫓는 힘이 있다고 하여, 제사상에도
올리지 않았다.

그 중 껍질에 털이 없는 복숭아를 천도복숭아라 하는
데, 이 때 천도天桃는 '하늘 위에 있는 복숭아'라는 뜻이다. 천
도는 전설적인 곤륜산에 사는 여신인 서왕모가 가꾸는 상상
의 과일로, '서왕모의 복숭아'로 불린다. 천도는 삼천 년에
한 번 꽃이 피고 삼천 년에 한 번 열매를 맺는다고 한다. '삼
천갑자 동방삭'이란 말도 중국 한무제의 신하였던 동방삭이
이 천도를 따 먹고 삼천갑자(60년인 1갑자의 3000배, 즉 18만 년)

°   畵題. 그림에 써넣은 시를 비롯한 각종 글귀.

◦ 도인(위)과 도화(아래)

를 살았다는 데서 나온 것이다.

　불로장생의 효능까지는 아닐지라도, 복숭아나무 즉 복
사나무는 여러 유용한 약재들을 우리에게 제공한다. 복사꽃

(도화)과 열매(복숭아) 모두 약재로 쓰이는 것은 물론이고, 복숭아나무의 속껍질, 나뭇가지, 뿌리, 잎, 복숭아 털, 씨, 꽃받침에도 쓰임새가 있다. 나무에 달린 채 마른 복숭아, 심지어 복숭아나무의 벌레까지 약으로 쓰였다니 흥미롭다.

이 중 도인(복숭아 씨)은 현재 한의원에서도 다용하는 약재로, 어혈°을 제거하여 월경이 끊기거나 고르지 못한 것을 치료하며, 변비에도 도움이 된다. 부인과 질환에 효과가 좋아 널리 활용되는데, 임산부에게는 사용하지 않는다.

『동의보감』에 따르면 복사꽃에는 다음과 같은 특별한 효능이 있다.

"삼시충을 밀어내고, 악귀를 죽이며 얼굴빛을 좋게 해준다."

여기서 삼시충이란, 세 가지 시충尸蟲이다. 시충은 도교에 있는 개념으로, 사람의 몸 안에 있는 세 마리의 벌레이다. 이들은 사람의 수명, 질병, 욕망을 좌우하는 것으로, 경신일庚申日에 하늘의 천제天帝(하늘의 황제, 절대자)에 그 사람의 죄를 고한다. 도교에서는 삼시충이 경신일에 천제에게 올라가는

° 체내의 혈액이 일정한 자리에 정체되어 노폐물이 많아져 생기는 증상.

◇ 삼시충
삼시충(오른쪽부터 상시팽거, 중시팽질, 하시팽교), 『도장경』

것을 막기 위해 밤낮으로 잠을 자지 않으면, 이 벌레들이 없어져 장수할 수 있다고 했다.

한편 『동의보감 내경편: 충』에서는 삼시충에 대해 다음과 같이 말한다.

"첫째는 상충으로 뇌 속에 있고, 둘째는 중충으로 명당에 있고, 셋째는 하충으로 뱃속에 산다. 각각을 팽거, 팽질, 팽교라고 한다. 이들은, 사람이 도를 닦는 것을 싫어하고 뜻을 굽히는 것을 좋아한다."

이렇듯『동의보감』에서는 삼시충을 인간의 수양과 연결 시켰다. 도를 닦으면, 시충은 저절로 죽고 생명은 안전해진 다고 말이다.

『동의보감 내경편: 충』에서는 기생충처럼 실제적으로 우리의 건강을 위협하는 벌레뿐 아니라, 이렇게 추상적인 개념의 삼시충도 함께 다루고 있다. 이는『동의보감』이 도교 의 영향을 받은 것 때문이기도 하지만, 그만큼 정신의 건강 이 육체의 건강과 직결된다고 중시했기 때문이다.

도화(복사꽃)은 실질적으로 대소변이 잘 나오게 하며 혈 액순환을 촉진하는 효과가 있다. 게다가 삼시충을 몰아내는 효능을 갖고 있다니, 무릉도원에 왜 하필 복숭아나무가 많 은지 왠지 더 수긍이 간다.

더 읽을거리

복숭아와 장어

복숭아(도실, 도자)는 장미과에 속하는 복숭아나무의 열매로, 중국이 원산지이다. 복숭아peach는 크게 백도와 황도로 구분되는데, 모두 껍질에 솜털이 있어 천도복숭아nectarine와는 구분된다. 과육은 수분이 많고 향이 좋다. 백도는 과육이 무르기 쉽지만 부드럽고, 향이 진하다. 황도는 주로 통조림으로 이용된다. 체내 흡수가 빠른 당류와 비타민 A, 비타민 C, 칼슘, 칼륨이 풍부해 피로회복에 좋고, 아스파라긴산이 함유되어 있어 숙취 해소에 도움이 된다. 수분과 식이섬유가 많아 변비에도 좋다.

다만, 복숭아와 장어는 궁합이 안 좋은 음식으로, 장어를 먹은 후에 복숭아를 먹으면 지방의 소화를 방해해 설사하기 쉽다.

2

약과 음식은

다르지 않다

볏단을 묶고, 메어치고, 지게에 지고, 흩어진 낱알을 빗자루(싸리비)로 쓸어 모으고 일꾼들은 다들 타작(곡식의 이삭을 떨어서 낱알을 거두는 일)에 바쁜 모습이다. 그에 반해, 그들을 지그시 바라보는 감독자 마름°은 한손으로 팔베개를 하고 한쪽 다리는 꼰 채로 비스듬히 기대어 누워 담뱃대를 문 모양새가 한가롭기 그지없다. 갓도 비뚤어지고 옆에 술병이 있는 것으로 보아 취한 것 같기도 하고, 언뜻 조는 듯 보이기

°   지주를 대리하여 소작권을 관리하는 사람.

◇ 추수타작

김득신, 종이에 담채, 32×36cm, 간송미술관

도 한다. 양반과 상민의 불평등을 풍자적으로 표현한 그림
으로, 각 인물들이 생동감 있게 표현된 점은 재미있어 보이
지만 신분의 차별을 드러내는 대비는 한편 쓸쓸함을 자아
낸다.

위의 그림은 앞선 김홍도의 그림과 비슷한 김득신의
〈추수타작〉이다. 뒤쪽으로 나무가 한 그루 서 있고, 오른쪽

에는 낱알을 노리는 듯한 닭 세 마리가 있다. 일하는 사람들 왼편으로 의관을 갖춰 입은 양반이 보이는데, 지팡이에 기대어 선 채 그들을 바라보고 있다. 각자의 일에 바쁜 농부들은 웃통을 벗기도 하고 맨발에 팔을 걷어붙인 작업하기에 편한 차림이지만, 꼿꼿이 서 있는 양반은 그 신발부터 일과는 거리가 멀어 보인다. 일꾼들이 하고 있는 타작법을 '개상질'이라 하는데, 볏단이나 보릿단을 개상에 메어쳐서 낱알을 떨어내는 일을 말한다. 개상에는 다양한 형태가 있는데, 보통 굵은 서까래 같은 통나무 네댓 개를 가로로 대어 엮고 다리 네 개를 박아 만든다. 김득신 그림을 보면 그저 통나무에 볏단을 내리치는 것 같은데, 김홍도 그림 속의 개상은 통나무를 받치고 있는 다리도 찾을 수 있다.

김홍도와 김득신의 타작 그림은 이뿐 아니라, 병풍(풍속도병)에서도 각각 볼 수 있다. 벼타작하는 모습은 우리나라 경직도의 전형적인 주제로 많이 그려졌지만, 중국의 경직도°에는 없어 차이가 있다.

°   농사짓는 일과 누에 치고 비단 짜는 일을 그린 그림. 중국에서 통치자에게
    농부들의 어려움을 이해시키기 위한 목적으로 제작되었다.

기와 정을 만드는 쌀

벼는 우리나라에서 중요한 작물이자, 주곡(주식의 재료가 되는 곡물)이다. 점점 쌀 섭취량이 줄기는 하지만, 여전히 우리는 '밥이 보약이다' 혹은 '한국인은 밥심'이라는 말을 한다. 우리가 평상시 먹는 밥은 멥쌀로, 반투명하고 광택이 난다. 메벼에서 나온 것으로, 찹쌀보다 찰기가 적다. 멥쌀은 갱미라고 하는데, 『동의보감』에는 "위기°를 고르게 하고 살찌게 하며 속을 덥히고 이질을 멎게 하며 기를 보하고 답답한 것을 없애준다"고 설명한다.

한의학에서 인체를 구성하는 기본요소는 '기氣'와 '정精'이다. 그런데 이 둘의 한자를 살펴보면, 모두 '쌀 미米' 자가 있다. 이는 기와 정 모두 쌀로 인해 생긴 것이기 때문이다. 이에 대해 『동의보감』에서는 "매일 먹는 음식의 정미롭고 잘 익은 것은 기氣를 더해준다. 이 기는 곡식에서 생기므로 기운 '기气' 자와 쌀 '미米' 자를 합하여 '기氣' 자를 만들었다. 사람 몸에는 천지 음양의 조화로운 기가 온전히 갖추어져 있어 그것을 삼가서 사용한다면 20세에 기가 굳건해진다. 욕

° 위장의 기운. 음식물에서 비롯되는 인체의 정기.

◇ 사진엽서
1910년의 것으로 모자가 겸상하는 모습을 담고 있다. 국립민속박물관

망을 절제하고 과로를 줄이면 기가 자라면서 호흡이 완만해
지지만, 욕심이 많고 너무 피로하게 되면 기가 적어지고 숨
이 차게 된다"고 했다.

　일상생활에서 '이런저런 음식이 정력에 좋다'라는 말
을 종종 하는데, 일반적으로 '정력'은 남자에게만 해당한다
고 생각한다. 하지만, 국어사전에서도 '남자의 성적 능력'이
라는 뜻은 두 번째로, 정력의 첫 번째 뜻은 '심신의 활동력'
이다. 『동의보감』에서도 "정은 지극히 보배로운 것이다. 정
이란 가장 좋은 것을 말한다. 정과 기는 서로를 길러 주는데,

기가 모이면 정이 가득하게 되고 정이 가득하면 기가 왕성해진다. 매일 먹는 음식의 좋은 것이 정이 되기 때문에 '미米(쌀, 곡식)'와 '청靑(생명의 푸르름, 젊고 왕성함)'을 합쳐서 정精을 만들었다. 정이 소모되면 기가 쇠약해지고, 기가 쇠약해지면 병이 생기고, 병이 생기면 몸이 위태로워진다. 그러므로 정이라는 것은 인체의 가장 귀한 보배이다"라고 하여 '정'의 중요성을 강조했다. 나이가 들면서 청력, 시력 등이 떨어지는 것도 정 부족이 주된 원인이다.

소화가 잘 되고 환자에게 좋은 찹쌀

멥쌀(갱미, 경미)은 찹쌀(나미, 점미)보다 투명하고 단단하다.

멥쌀과 찹쌀은 모두 아밀로오스Amylose와 아밀로펙틴Amylopectin으로 구성되어 있으나, 그 비율이 다르다. 멥쌀은 아밀로오스 함량이 약 20%이고 나머지 80%가 아밀로펙틴인 반면, 찹쌀은 대부분 아밀로펙틴이다. 그래서 멥쌀의 요오드녹말반응은 청람색, 찹쌀은 적갈색으로 차이가 난다. 녹말은 녹색식물의 엽록체 안에서 광합성으로 만들어진 물질로,

쌀·밀·감자·고구마 등에 들어 있는 탄수화물이다. 또한 여러 개의 포도당이 연결된 다당류로서, 아밀로오스와 아밀로펙틴의 혼합물이다. 녹말은 원래 물에 잘 녹지 않지만, (아밀로오스에 비해) 아밀로펙틴은 뜨거운 물에 잘 녹아 풀처럼 된다. 그렇기 때문에 멥쌀보다 아밀로펙틴 함량이 높은 찹쌀로 밥을 했을 때 더 차진 맛이 나고, 끈기가 강하다. 몸이 아프거나 소화가 안 될 때 찹쌀로 밥이나 죽을 해먹는 것도 이 때문이다.

왜 주식은 찹쌀이 아니라 멥쌀일까?

그런데 우리는 왜 소화가 잘 되는 찹쌀이 아닌 멥쌀을 주식으로 먹을까?

『동의보감』에서는 '찹쌀은 보중익기°하고 곽란을 멎게 하지만, 열을 많이 생기게 하여 대변이 굳어지게 한다'고 기록돼 있다. 또한 '오랫동안 먹으면 몸이 연약해진다. 고양이나 개가 먹으면 다리가 굽어들어 잘 다니지 못하게 되고, 사

°   중초(비위)를 보하고, 기를 생기게 한다.

◇ 안악3호분 벽화 중 주방
맨 왼편의 건물에 있는 것이 고구려 시대의 시루다.
동북아역사재단

람은 힘줄이 늘어지게 된다'고 한다. 약간 무서운 느낌이 들
기도 하지만, 모든 약 그리고 음식도 각각의 장단점이 있으
니 참고하도록 하자. 또한 단점으로 보이는 것도 잘만 활용
하면 오히려 장점이 되기도 한다. 예를 들어, 위경련이 있을
때 찹쌀로 쑨 미음을 먹으면 경련으로 수축했던 근육이 이
완되면서 나아진다. 그러나 다 회복한 후에도 계속 먹는 것
은 오히려 위 근육이 무력해져 소화력이 약해질 수 있으니

주의할 필요가 있다. 그래서 평상시 먹는 주식으로는 멥쌀이 찹쌀보다 더 적당하다.

건강에 좋다고 다 좋은 건 아니다

그렇다면 백미와 현미는 어떨까?

백미는 현미를 도정하여 쌀겨층, 씨눈을 완전히 제거하여 배젖 부분만을 남긴 쌀이다. 이에 반해 현미는 가장 겉부분의 왕겨만 벗긴 것으로 '흰 백' 자와 구분되는 '검을 현' 자를 써서 색깔부터 다르다는 것을 알 수 있다.

현미는 식이섬유 및 티아민(비타민 B1), 리보플라빈(비타민B2) 등 백미에 비해 영양분이 풍부하다. 이 중 비타민B1은 부족하면 각기병beriberi의 위험이 있어, 섭취에 주의를 기울여야 하는 영양소이다. 백미는 식감이 부드럽고 소화가 잘 되는 장점이 있어, 예전에는 '흰 쌀밥'이 부의 상징이기도 했다. 이는 현미에 비해 섬유질이 적다는 의미이기도 하다. 때문에 백미는 빠른 시간에 혈당을 올리는 단점이 있다. 그래서 당뇨가 있는 사람에게는 백미로만 지은 밥은 피하라고 권하기도 한다.

현미가 건강에 좋다고 알려지면서 한동안 많은 사람들이 백미를 피하기도 했다. 물론 소화능력이 좋고 위장이 튼튼하며, 특히 다이어트에 관심이 있는 이들에게는 현미가 훌륭한 건강식이다. 하지만, 먹기만 하면 체한다거나 속이 자주 쓰리고 염증이 있는 사람들에게는 조금 다르다. 현미에 아무리 좋은 영양소가 많다 하더라도, 소화기관에 부담이 되고 제대로 소화 흡수되지 않은 채 배설된다면 나에게 맞지 않는 음식이다.

약과 음식은 근원이 같다

'약식동원藥食同源'이라는 말이 있다. 약과 음식은 그 근원이 같다는 뜻이다. 음식은 약에 비해 빠르고 강한 효과를 내지는 못하지만, 일상생활을 통해 더 자주 접할 수 있으므로 좋은 음식은 좋은 약 못지않게 중요하다. 이런 측면에서 우리 주식이 되는 쌀과 밥은 그 무엇보다 중요하다.

○ '의식동원'이라고도 한다. 질병 치료와 식사는 인간의 건강을 유지하기 위한 것으로, 그 근원이 동일함을 이르는 말.

게다가 한의학에서는 '불치이병 치미병不治已病 治未病°(이미 발생한 병을 치료하기보다, 병이 나기 전에 예방한다)'이라 하여, 병이 되기 전에 미리 대책을 세우는 것을 중시한다. 병이 오기 전에 미리 막거나 더 악화되지 않도록 한다는 말인데, 구체적으로는 다음 세 가지의 내용을 담고 있다.

① 병을 미리 막는다. 유행병이 돌 때 미리 약을 쓰는 것을 예로 들 수 있다.
② 조기에 병을 치료한다. 한쪽 팔다리의 감각이 이상하거나 일시적인 마비 증상이 있다거나, 말할 때 발음이 분명치 않거나, 갑자기 앞이 안 보이거나 둘로 보이는 등의 중풍(뇌졸중) 전구증상°°이 나타날 때, 바로 중풍 치료를 시작하는 것이다.
③ 병의 진행 과정을 미리 알아, 다른 장부에 옮겨가지 않도록 한다. 예를 들어, 간질환이 있으면 비장이 상하기 쉽다는 것을 알고, 미리 간질환 치료약과 함께 비장을 보하는 약을 쓰는 것을 말한다.

° 치미병은 아직 병이 아닌 것(미병)을 다스린다는 뜻이다.
°° 잠복 전염병이나 뇌출혈(중풍), 간질 등이 일어나기 직전에 나타나는 증상.

몸이 으스스하고 목이 잠기면서 머리가 떵할 때, 이제 막 감기가 걸릴 것 같은 그런 날이 있다. 그렇지만 무리하지 않고 푹 쉬면서 일찍 잠자리에 들면, 다음 날 아무렇지도 않게 상쾌한 기분으로 하루를 시작하기도 한다. 무서운 질병으로 손꼽히는 암도 마찬가지이다. 암이라는 덩어리가 CT나 초음파 촬영 등 진단기기를 통해 눈으로 보이기 전에도 암세포는 우리 몸속에 있을 수 있다. 아직 암이라는 진단을 받기 전, 즉 암이라는 병에 걸리기 전 암세포가 처음 몇 개씩 생기기 시작할 그 때 조심한다면 어쩌면 암이라는 두려운 질병을 피해갈 수 있지 않을까? 이미 병에 걸린 후라도 조기에 치료하는 것이 좋은 것은 두말할 나위가 없다.

이때, 평상시 건강관리를 위해 꼭 필요한 요소가 식단 관리 즉 음식이다.

몸에 나쁜 화학물질이 첨가된 가공식품이나 인스턴트 음식, 맵고 짜고 탄 자극적인 음식 대신 건강한 식재료를 건강한 조리법으로 만든 음식을 먹는다면. 병에 걸리지 않을 수도, 혹시 병에 걸리더라도 지지 않고 잘 이겨낼 수 있을 것이다.

더 읽을거리

한약에 들어가는 찹쌀과 멥쌀

평상시에 음식으로 먹는 식재료라도, 언제 어떻게 먹느냐에 따라 약으로 쓰일 수 있다.

실제 한의학 처방 중에 멥쌀이나 찹쌀이 들어가는 경우도 있다. 주하병°으로 식욕이 없을 때 먹는 삼귀익원탕, 열이 몹시 나고 땀을 흘리며 입이 말라 괴로운 열증에 쓰는 백호탕 등에 멥쌀을 사용한다. 또한 '멥쌀은 늦벼쌀이 좋은데, 서리가 온 뒤 걷은 것이 좋다'라고 하여, 약으로 쓸 때는 늦게 추수한 멥쌀이 더 효과적이다. 찹쌀은 교애사물탕에 들어가는데, 임신 중 자궁 출혈이 있으면서 배가 아픈 증상에 사용한다.

°   여름 타는 증상. 늦봄과 초여름 무렵, 현기증이 있으며 머리가 아프고, 맥이 없어 노곤하며 다리가 약해지고 음식을 적게 먹는다.

어해도(8폭 병풍 중 일부)

장승업, 종이에 담채, 145×35cm,
서울대학교박물관

3

음식 간에도

궁합이 있다

조선 말기에 활동했던 장승업(1843~1897년)은 천재화가로
불릴 만큼 그 재능이 뛰어나 안견, 김홍도와 함께 조선시대
3대 화가로 꼽힌다. 여기에 정선을 더해 4대 화가라고도 한
다. 장지연°의 「일사유사」°°에 따르면, 장승업은 단원 김홍도
와 비교하여 "나도 원이다"라며 호를 '오원吾園'이라 할 만큼
자신의 예술에 대한 확신과 자부심이 강했다. 그는 화조영

° 　장지연(1864~1921년). 언론인. 『황성신문』에 「시일야방성대곡」이라는 사설을 썼다.
°° 　장지연이 편찬한, 조선시대의 중인을 비롯한 하층민들의 전기를 모은 열전류의 책.

모화, 기명절지도°, 인물화, 산수화 등 모든 주제의 그림에서 독보적이었다. 그의 그림은 독특한 구도, 세련되고 힘찬 필묵법과 섬세한 설채법(색을 칠하는 방법) 등이 돋보인다. 장승업 스스로 자신의 작품에는 신운°°이 생동한다고 하였고, 세상도 그를 '신품°°°' 화가로 인정하며 칭송했다.

〈어해도魚蟹圖〉는 한자 그대로 '물고기와 게를 그린 그림'이지만 상징적 의미도 담겨 있다. 일반적으로 어해도에서 물고기는 입신출세를, 게는 장원급제를 의미한다. 물고기가 출세, 과거 급제를 상징하는 것은 등용문에 얽힌 고사에서 시작되었다. 이를 어변성룡魚變成龍이라 하는데, 도화꽃이 필 때 잉어들이 물살을 거슬러 올라가 용문(황하 상류에 있는 협곡)을 넘으면 용이 된다는 것이다. 여기에서 '용문에 오른다'는 말인 등용문은 '입신출세의 관문, 어려운 관문을 통과하여 크게 출세하게 됨'을 이르게 되었다. 이밖에 물고기에는 풍요에 대한 기원과 벽사의 의미도 있다.

또한 게의 단단한 껍질은 마치 갑옷 같다고 하여, 같은 발음의 '으뜸 갑_甲'을 뜻한다. '갑'은 '과거에 갑제_{甲第}' 즉 1등, 수석으로 합격하는 장원급제의 의미로 연결된다. 이렇게 훌륭한 성적으로 과거시험에 붙길 바라는 마음을 담아 어해도에 게를 그리기도 했다.

생선회에 빠질 수 없는 초생강

음식 간에도 궁합이 있다고 한다. 이는 상당 부분 그 음식이 갖고 있는 성질과 관계가 있다. '약식동원'이라는 말처럼 약과 음식은 그 뿌리가 같기 때문에, 그 이유를 『동의보감』 같은 의서에서 찾을 수 있다.

예를 들어, 물고기 회를 먹을 때 보통 생강 초절임(초생강)을 같이 먹는다. 흔히 생선의 비릿한 맛을 씻어주는 역할이라고 하지만, 그보다는 탈이 나지 않고 건강하게 음식을 먹기 위한 하나의 방법이다. 『방약합편』° 중 「해독문」은 각종 음식을 먹고 아플 때, 어떤 약 혹은 음식을 먹어야 하는

°　1884년(고종 21년) 간행된 의서. 주로 한약 처방에 대해 다루고 있다.

◦ 동과

지 알려주는데, "회독에는 생강즙, 어독에는 동과즙과 귤피를 달인 즙을, 해독蟹毒. 게로 인한 독에는 연근즙·동과·마늘즙을 먹고 소엽도 달여 먹는다"라는 내용이 있다. 생선과 게를 먹고 탈이 났을 때의 해독법인데, 생선회로 생기는 회독의 치료약으로는 생강즙을 이야기한다.

동과冬瓜는 '겨울 수박'이라는 이름처럼, 원통형 혹은 긴 타원형으로 길쭉한 수박같이 생겼다. 박과에 속하며 '동아'라고도 하는데, 그 안을 들여다보면 수박이라기보다는 호박과 비슷하다. 독성을 풀어주는 효과 외에도 열을 내리고, 소변을 잘 보도록 하는 데 도움을 준다. 동의보감에서는 "너무 살쪄서 몸을 좀 여위게 하고 가볍게 하거나 건강해지려면 오래 먹어도 좋다. 국을 끓여 먹거나 절여서 먹는다. 살찌고자 하면 먹지 말아야 한다"고 그 효능을 설명했다.

◇ 소엽(왼쪽)과 진피(오른쪽)

귤피(귤껍질)는 기가 뭉친 것을 풀어주어 기의 순환을 원활하게 하고, 비위가 허약하여 일어나는 구토, 메스꺼움, 소화불량 등에 쓰인다. 오래될수록 좋다고 하여 '묵을 진' 자를 써서 진피陳皮라고도 불린다. 소엽은 차조기 잎으로, 깻잎과 비슷하게 생겼다. 소화 장애가 동반된 감기 증상에 좋다.

『자산어보』 그리고 『동의보감』

어해도는 물고기와 게를 함께 그린 그림이지만, 그밖에 다양한 해양생물을 그린 것도 포함한다.

장한종(1768~1815년)의 〈어해도〉는 그 대상을 정밀하게
묘사한 것으로 유명하며, 그는 이 분야에서 최고로 손꼽히
는 화가이다. 『이향견문록』º에 의하면 장한종은 소년시절부
터 숭어·잉어·게·자라 등을 사다가 비늘과 껍질을 상세히
살펴본 뒤 이를 그렸으며, 완성된 그림을 본 사람들은 모두
감탄했다고 한다.

18세기 후반과 19세기 초부터 어해도는 몇몇 한정된
어류가 아니라 게·조개 등 다양한 종류가 그려졌는데, 이
는 조선 후기에 간행된 어보와 관련이 있다. 『우해이어보』
는 1803년 김려가 지은 우리나라 최초의 어류학서이다. 우
해牛海란 진해 앞바다로, 조선 순조 때의 문신 김려가 진해
에 유배된 2년여 동안 수산동물의 생리·번식·효용·어획
법 등을 조사, 연구하여 기록한 책이다. 『자산어보』는 정약
전(1758~1816년, 다산 정약용의 형)이 흑산도에서 오랜 시간 유
배생활을 하면서 저술한 어보이다. 자산玆山은 흑산을 뜻하
는데, 한자 玆가 '검을 현, 검을 자'라서 '현산어보'로 부르기
도 한다. 1801년 흑산도로 귀양을 간 그는 섬사람인 장덕순

º 1862년 조선 후기 중인 문학가 유재건이 편찬. 중인층 이하 인물들의 행적을 기록하
  였다.

(창대)의 도움을 받아 약 15년에 걸쳐 1백55종에 이르는 수산 동식물의 이름·형태·습성과 맛·이용법 등을 기록했다. 『자산어보』는 『우해이어보』보다 10여 년 이후인 1815년 간행되었다. 이 즈음부터 어해도는 궁중회화뿐 아니라 도자기, 민화 속에 등장하면서 전국적으로 유행한다. 그림 속 물고기의 종류가 늘어났으며, 각 지방에서 볼 수 있는 고유의 어종도 그렸다.

장한종의 『어해화첩』에서도 물고기뿐 아니라 조개, 새우, 게, 가오리, 소라, 낙지, 자라, 쏘가리 등 다양한 해양생물들을 볼 수 있다.

이들은 거의 다 『동의보감』에서 약재로 분류되어 이용되어 왔다. 작은 조개(패자), 바지락(합리), 새우(하), 게(해), 가오리(공어), 소라(해라), 낙지(소팔초어), 자라(별어), 쏘가리(궐어) 등이 바로 그것이다.

해산물은 사상체질 중 태양인에게 특히 이로운 음식인데, 체질을 꼭 구분하지 않더라도 양질의 단백질 및 다양한 영양소를 가지고 있어 장점이 많다.

◇ 어해화첩

장한종, 비단에 채색, 각 30×48.5cm,
국립중앙박물관

복숭아꽃 흐르는 물에 쏘가리가 살찐다

『어해화첩』중 첫 번째(왼쪽 위)는 쏘가리 그림으로 중국 당나라의 시인 장지화°의 「어부가」중 한 구절 '복숭아꽃 흐르는 물에 쏘가리가 살찐다'와 관련이 있다. 화면의 오른쪽 위편에서 왼쪽 아래의 방향으로 복숭아 가지가 드리워져 있고, 그 주변으로 쏘가리들이 헤엄치는 모습이 보인다. 또한 쏘가리(궐어)를 뜻하는 한자 궐█은 궁궐을 뜻하는 궐█과 발음이 같아, 예로부터 과거 급제의 의미를 담고 있었다.

오른쪽 그림의 쏘가리는 장한종 그림에서의 그것과는 많이 달라 보인다. 화면 위에는 '桃花

◇ 쏘가리(어해도)
19세기 후반, 종이에 먹,
29.0×91.0cm, 조선민화박물관

° 　중국 당대의 시인이자 화가. 「어부가」를 짓고 그 그림을 그렸다.

流水鱖魚肥(도화유수궐어비. 복숭아꽃 흐르는 물에 쏘가리가 살찐
다)'는 시가 적혀 있다. 쏘가리가 복숭아꽃을 한 입에 먹으려
는 듯 보이기도 하고, 쏘가리의 입 속에 한 송이의 복사꽃이
피어 있는 것 같기도 하다. 시의 내용을 해학적으로 유쾌하
게 표현했다.

쏘가리(궐어)는 기혈을 보하고 비위를 튼튼하게 하며,
허약하고 몸이 여윈 것을 살찌고 건강하게 한다고 그 효능
이 알려져 있다. 쏘가리는 복숭아꽃을 먹고 살찌고, 인간은
쏘가리를 먹고 살이 찌나 보다.

천자가 먹던 생선

쏘가리는 복숭아꽃이 만개하는 5월이 제철로 가장 맛이 좋다고 알려져 있다. 「어부가」에서 장지화 시인이 표현한 시구도 이런 사실에 기반을 둔 것이 아닐까 싶다. 『규합총서』°에서는 "쏘가리는 민물고기 중에 최고의 맛으로, 예로부터 천자가 먹었기 때문에 천자어天子魚라고 하며, 쏘가리탕은 오뉴월에 효자가 부모님에게 끓여 바친다 하여 효자탕이란 별명이 붙었다"고 한다. 『재물보』°°와 『임원경제지』°°°에서는 그 살맛이 돼지고기와 비슷하다고 해서 '수돈水豚'이라 칭했다.

° 1809년 빙허각 이씨가 엮은 가정살림에 관한 내용의 책.
°° 1798년 조선 후기의 학자 이만영이 편찬. 천지인(天地人) 삼재와 만물의 옛 이름 및 별명 등을 모아서, 춘하추동의 4집으로 나누어 수록하였다.
°°° 1827년 조선 후기 실학자 서유구가 펴낸 농업 백과전서. 농업 정책과 자급자족 경제론을 편 농촌 경제 정책서.

초충도8곡병

신사임당, 16세기, 종이에 채색,
각 34×28.3cm, 국립중앙박물관

4

허준이

동의보감을 쓴 이유

우리나라에서 초충도°로 유명한 사람은 단연 신사임당이다.
조선 중기의 유학자 율곡 이이의 어머니이기도 한 그녀는,
시서화에 모두 능했던 예술가였다. 어숙권°°(율곡의 스승)은
그의 책 『패관잡기』°°°에서 "포도와 산수는 절묘해 사람들이
안견 다음간다고 평했다"는 기록을 남겼다. 그림 속 풀벌레

°   풀과 벌레(곤충류)를 소재로 한 그림.

°°   조선 중기의 학자. 글을 잘 쓰고 지식이 해박했다. 저서로는 『패관잡기』, 『고사촬요』
      가 있다.

°°°   어숙권이 지은 수필집. 패관문학(임금의 정사를 돕기 위하여 떠도는 이야기나 소문들을 모아
      엮은 설화문학)의 대표작.

가 얼마나 살아 숨 쉬는 것 같은지, 닭이 진짜인 줄 알고 쪼아서 찢어질 뻔했다는 일화도 전해진다.

그녀의 작품 중 가장 널리 알려진 초충도 그림은 〈초충도8곡병〉°이다. 그림별로 하나하나 자세히 살펴보도록 하자.

〈초충도〉 그림 속에 담긴 풀꽃과 곤충들

첫 번째 그림의 중심에는 잘 익은 가지가 커다랗게 자리 잡고 있고, 그 위로는 아름다운 나비가 있으며, 오른편에서는 벌이 날고 있다. 바닥에 붙어 있는 듯한 민들레와 그 뒤로 보이는 쇠뜨기, 앞쪽에는 작은 개미 두 마리와 방아깨비도 보인다.

◦　曲屛. 머리맡에 치는 병풍. 머리맡이나 방구석을 가리거나 치장하기 위하여 친다.

가지의 한문 이름은 '가
자'로, 자식을 많이 낳는다는
'가자加子'와 발음이 같다. 방아
깨비 또한 알을 많이 낳는 것
으로 알려져, 자손이 많기를
기원하는 의미이다. 나비의 한
자인 '접'은 '노인 질耋' 자와
중국어 발음이 [dié]로 같아
장수를 상징한다. 이외에도 나

◇ 수박과 들쥐(초충도8곡병)
신사임당, 종이에 채색,
34×28.3cm, 국립중앙박물관

비는 다양한 의미를 지녔는데 부부금슬, 기쁨 등이 대표적
이다.

　　두 번째 그림에는 빨간 과육을 드러낸 수박과 그 바로
아래에서 수박을 먹고 있는 두 마리의 들쥐, 오른쪽에는 예
쁜 패랭이꽃이 있다. 아마 이 들쥐 한 쌍이 수박을 파먹은
범인인 듯하다. 수박은 씨가 많아 자손의 번성을 뜻하며, 특
히 덩굴식물인 수박과 함께 그려진 나비는 자손번성의 기
쁨, 장수의 기쁨을 뜻한다. 이는 덩굴(만대蔓帶)이 자손만대
萬代 번창하기를, 만대까지 장수하기를 바라는 의미를 갖기

○　　아주 멀고 오랜 세대, 여러 대에 걸친 오랜 세월.

때문이다.

세 번째 그림은 원추리 꽃과 그 줄기에 매달려 있는 매미, 오른쪽 아래의 달팽이, 왼쪽 아래의 막 뛰어오르려는 듯한 개구리를 묘사하고 있다. 원추리는 근심 걱정을 잊게 한다 하여 '망우초'라고도 부른다.

◇ 원추리와 개구리(초충도8곡병)
신사임당, 종이에 채색,
34×28.3cm, 국립중앙박물관

개구리는 학문의 성취를 기원하는 뜻이 있는데, 글을 쓸 때 사용하는 연적° 중에 개구리 모양이 많은 것도 이 때문이다. 이는 움츠렸다가 멀리 뛰어오르는 개구리의 모습에서 나온 의미다.

네 번째 그림에서는 산차조기°°를 덩굴로 감고 올라가는 나팔꽃°°°과 주변을 날고 있는 잠자리 그리고 땅위의 사마귀가 눈에 띈다. 곤충인 사마귀와 잠자리 역시 다산을 상

° 　벼루에 먹을 갈 때 쓸 물을 담아두는 그릇.

°° 　그림의 꽃이 '여뀌'라고도 하는데, 이 그림을 주로 '산차조기와 사마귀'로 부르기 때문에 산차조기로 표기했다. 그러나 잎의 모양으로 보아 필자의 생각으로는 산차조기보다는 여뀌로 보는 것이 옳은 것으로 사료된다.

°°° 　메꽃이라고 설명하기도 한다. 나팔꽃도 메꽃과에 속하는데, 나팔꽃의 잎은 둥글고 메꽃의 잎은 길쭉하다.

◇ 산차조기와 사마귀
(초충도8곡병)
신사임당, 종이에 채색,
34×28.3cm, 국립중앙박물관

◇ 맨드라미와 쇠똥벌레(아래)
(초충도8곡병)
신사임당, 종이에 채색,
34×28.3cm, 국립중앙박물관

징한다. 특히 사마귀는 짝짓기 후 암컷이 수컷을 잡아먹는데, 이러한 생태에서 '자식을 위한 부모의 희생, 부성애'라는 의미를 보기도 한다. 『동의보감』에는 잠자리(청령, 청낭자)가 양기를 강하게 하는 효능이 있다고 하였는데, 실제로 발기부전을 치료하는 정력제로 쓰이기도 했다.

다섯 번째 그림에는 가운데 맨드라미를 중심으로 그 왼쪽에 산국화가 피어있고 오른쪽 아래에는 동그란 똥을 굴리고 있는 쇠똥벌레(쇠똥구리)가 보인다. 맨드라미는 수탉의 벼슬을 닮았다 하여 '계관화'라고 하는데, 벼슬길에 나아감을 상징한다.

◇ 어숭이꽃과 개구리(초충도8곡병)
신사임당, 종이에 채색,
34×28.3cm, 국립중앙박물관

　　여섯 번째 그림은 왼쪽부터 도라지꽃과 어숭이꽃(닥풀꽃, 황촉규)°이 차례로 보이고, 위쪽을 바라보는 개구리는 앞에 있는 메뚜기°°보다 하늘을 나는 나비에 더 관심이 있어 보인다. 개구리는 다산, 재물과 복 등 여러 가지 여러 가지 상징성을 가진다. 고구려 시조 주몽(동명성왕)의 아버지인 금와왕 탄생 설화에서 그의 모습을 '금빛으로 빛나는 개구리(금와金蛙) 모양의 아이로 묘사한 것에서도 그 의미를 짐작할 수 있다.

　　일곱 번째 그림에는 붉은색 양귀비가 탐스럽게 피어 있고, 왼쪽 아래에 있는 도마뱀은 꽃을 보는지 뒤쪽의 갑충°°°을 보는 건지 고개를 돌린 자세로 마치 멈춰 있는 것 같다.갑충

°　　닥풀꽃의 다른 이름이 황촉규이다. 이 그림을 '추규(접시꽃 혹은 해바라기)와 개구리'라고도 한다. 황촉규를 접시꽃의 하나로 보고, 가을에 피기에 추규라고 부른다는 설명도 있다.

°°　그림 속 곤충을 메뚜기 혹은 여치라고도 한다. 메뚜기는 주로 낮에 생활하고 여치는 밤에 생활한다. 메뚜기가 여치에 비해 날씬하고 긴 느낌이다.

°°°　갑충은 무당벌레라고 설명된 자료도 있으나 색깔로 보아 따정벌레에 가깝고, 실제 갑충의 사전적 의미도 따정벌레가 맞다.

◇ 양귀비와 도마뱀(위)
(초충도8곡병)
신사임당, 종이에 채색,
34×28.3cm, 국립중앙박물관

◇ 오이와 개구리(아래)
(초충도8곡병)
신사임당, 종이에 채색,
34×28.3cm, 국립중앙박물관

은 딱정벌레와 같이 겉이 갑각으로 된 벌레를 말한다. 갑(甲)은 '갑제' 즉 과거 시험의 1등이라는 뜻을 담고 있다.

마지막 여덟 번째 그림에는 오이가 마치 땅에 서 있는 듯 달려 있고 그 위로 강아지풀°이 늘어져 있다. 개구리는 앞에 있는 곤충(땅강아지)을 먹잇감으로 노리는 듯 긴장감이 흐른다. 『시경』에 "길게 뻗은 오이 덩굴이여"라는 구절이 있는데, 오이 역시 가지와 비슷한 생김새를 가진 덩굴식물로

° 조(벼과 식물, 곡식)라고 설명하기도 한다. 조는 강아지풀에 비해 전반적으로 크기가 크고 두껍다.

서 끊임없는 자손의 번창을 소망하는 마음이 담겨 있다.

왜 〈초충도〉를 그렸을까?

이렇게 〈초충도〉는 자손의 번성, 출세, 장수 등 길상°의
의미를 가진 대상을 많이 그렸는데, 이러한 상징성만을 담고
있는 것은 아니다. 특히 조선의 유학자들은 작은 생물도 우
주만물의 일부이며, 풀벌레를 그릴 때도 그들의 형상과 정신
을 함께 담아야 한다고 생각했다. 『개자원화전』°°에 실린 초
충화법(초충도를 그리는 법)에 그러한 마음이 잘 드러나 있다.

풀벌레의 형태는 대소 장단 여러 가지가 있으나, 그 빛깔도
때에 따라 변화하게 마련이다. 초목이 무성할 때는 벌레의 빛
깔도 초록색으로, 초목이 단풍이 들 때는 벌레의 빛깔도 칙칙
하게 그려야 한다. 풀벌레는 대개 점을 찍어 자세히 그리면서
도 정신이 먼저 붓끝에 나타나 있어 보이게 하여야 한다. 모
든 풀벌레는 모두 머리를 먼저 그리지만 나비만은 날개를 먼

°   吉祥. 운수가 좋을 조짐, 좋은 일이 있을 징조.
°°   중국 청나라 초기에 간행된 화보.

저 그린다. 사마귀는 작은 벌레이지만 위엄이 있도록 그려야 한다. 따라서 풀벌레는 아주 작은 미물에 지나지 않지만 그 형상과 정신이 충분히 표현되어 핍진함°을 느끼게 해야 한다.

이렇듯 〈초충도〉는 자연을 소재로 한 그림이면서, 수복강녕°°과 부귀다남°°°의 염원을 담고 있는 민화의 소재임과 동시에 문인화로서의 성격도 가지고 있다.

〈초충도〉 그림 속에 담긴 『동의보감』의 약재들

〈초충도8곡병〉 중 위에서 언급한 동식물의 종류는 30개 정도이다. 이 가운데 『동의보감』에서 약으로 쓸 수 있다고 소개한 것은 무려 22가지다. 가지, 벌(꿀, 새끼벌), 민들레, 수박, 들쥐(쥐고기, 쥐똥, 쥐 쓸개), 패랭이꽃, 원추리, 매미(껍질), 달팽이, 개구리, 산차조기, 나팔꽃(씨), 잠자리, 사마귀(알집), 맨드

°　　逼眞하다. 실물과 아주 비슷하다. 사정이나 표현이 진실하여 거짓이 없다.
°°　　壽福康寧. 오래 살고 복되며 건강하고 편안함.
°°°　　富貴多男. 재산이 많고 지위도 높으며 아들이 많음.

라미, 산국화, 황촉규(꽃, 씨), 도라지, 양귀비(열매), 도마뱀°,
오이, 땅강아지가 그것이다.°° 물론 그림 속 동식물이 어떤 것
인지 정확히 밝혀지지 않은 것도 있으므로 오차의 가능성이
있지만, 상당히 놀라운 수치이다.

허준이 『동의보감』을 지은 뜻은

『중종실록』에 따르면, 주색에 빠져 있던 연산군의 비위
를 맞추느라 의원들이 양기를 돕는 풀벌레와 뱀을 진상했
다는 기록이 있다. 요즘도 정력을 위해서는 못 먹을 것이 없
다는 우스갯소리를 하지만, 벌레를 먹는다는 것은 아무래도
조금은 꺼려질 수 있다. 하지만 이를 조금 다른 관점에서 생
각해보자. 온갖 산해진미를 먹는 왕이 아니라, 백성들이 벌
레를 먹는다면 그건 다른 이유가 있지 않을까? 허준이 『동
의보감』을 썼을 당시에는 요즘처럼 병원이 많지도, 의사를
만나 치료받기도 쉽지 않았다. 당연히 몸이 아플 때 적절한

° 합개, 온대와 아열대 지역에 분포되어 있는 도마뱀붙이류.
°° 괄호 안에 적은 것은 약으로 쓰이는 부위, 부분이다.

약을 처방받아 복용하기도 힘들었다. 그렇기 때문에 주위에 있는 동식물을 비롯한 다양한 것들을 적극적으로 약으로 활용했다. 그런데, 기존의 한의학 책들은 약의 처방이 중국 약재 위주로 구성되어 있었다. 중국에서 수입한 약재는 값이 비쌀 뿐 아니라 구하기도 힘들었다. 이에 허준은 중국 약재를 대체할 수 있는, 우리나라의 산과 들에서 구할 수 있는 약재를 『동의보감』에서 소개했다.

『동의보감』의 「서문」에는 다음과 같은 글이 있다.

"우리 선조 대왕께서는 몸을 다스리는 방법으로 대중을 구제하려는 어진 마음을 베풀어, 의학에 마음을 두시고 백성의 질병을 염려하셨다. 태의인 신하 허준을 불러 다음과 같이 하교하셨다.

오즈음 중국의 의서를 보면 모두 조잡한 것만 모아 놓아 볼 만한 것이 없다. 여러 의서를 모아 하나의 책으로 만들어라 (중략) 여러 의서가 번잡하니 그 요점을 가리기에 힘써야 할 것이다. 가난한 시골과 외딴 마을은 의사와 약이 없어서 일찍 죽는 자가 많다. 우리나라는 향약°이 많이 나나 사람들이 알

° 우리나라에서 나는 약이나 약재.

지 못하니 마땅히 (이들 약물을) 분류하고 향약 명을 함께 써
서 백성들이 알기 쉽게 하라."

임진왜란 이후로 생활은 더욱 어려워졌고, 전쟁으로 인
한 부상과 전염병이 겹치면서 백성들은 수많은 질병에 노출
되어 있었다. 가난하고, 멀리 있는 의원을 찾기도 힘든 백성
들은 병에 걸려도 적절한 치료를 받을 수 없었고, 작은 병을
방치하다가 목숨을 잃기도 했다. 선조의 명으로 『동의보감』
을 쓰기 시작한 허준은 이러한 백성들에게 조금이나마 도
움을 주고 싶었다. 그래서 어떤 불편한 증상이 있을 때 무슨
병인지 알고, 주변에서 쉽게 구할 수 있는 것들을 약으로 활
용할 수 있게 한 것이다. 『동의보감』에서 설명하는 질병은
약 2천 가지, 약재는 1,400개 정도라고 하니 그 방대한 양
또한 놀랍다.

『동의보감』이 더 의미가 있는 것은 바로, 약재 이름의
한글 표기를 해놓았다는 점이다. 이전까지의 의학서는 주로
의학을 공부하는 사람들을 위한 것이었고, 표기도 한자로
되어 있었다. 게다가 민들레는 포공영, 수박은 서과, 잠자리
는 청령, 땅강아지는 누고 등의 한자어로 쓰여 있으니, 한자
를 읽을 줄 아는 사람이 의학책을 보더라도 무엇을 뜻하는

지 알기가 어려웠을 것이다. 『동의보감』을 썼던 조선 중기라는 시대적 배경을 생각해봤을 때, 의학책뿐 아니라 다른 서적도 한글로 써진 것은 드문 일이었다.

구성부터 다른 『동의보감』

『동의보감』은 구성 또한 다른 의학서적과는 차별되는 특징이 있다. 25권에 걸쳐 크게 5가지로 내용을 나누어 정리했는데 「내경」, 「외형」, 「잡병」, 「탕액」, 「침구」 편이 그것이다.

첫 번째 「내경」 편은 우리 몸을 구성하고 있는 기본적인 요소인 정, 기, 신, 혈° 및 오장육부에 대해 알려준다. 이밖에 꿈, 목소리 등을 통해서도 몸의 상태를 알 수 있다고 설명한다.

두 번째 「외형」 편은 겉으로 보이는 생김새를 통해, 신체 각 기관의 기능과 질병에 대해 알려준다. 머리, 얼굴, 눈·코·입·귀, 치아, 등·배, 손발, 피부, 머리카락 등 눈으로 볼 수 있는 몸의 각 부위에 관한 내용이다.

° '정'은 생명의 발생과 활동을 유지하는 데에 기본이 되는 물질이다. '기'는 기운·에너지, '신'은 마음·정신, '혈'은 혈액·피로 이해할 수 있다.

세 번째 「잡병」편에서는 본격적으로 여러 가지 병의 원인과 증상 및 치료 방법을 설명한다. 구토할 때, 기침날 때, 몸이 부었을 때부터 응급상황이나 몸에 종양이 생겼을 때까지 다양한 내용을 담고 있다. 특별히 부인(여자)과 소아 편이 있어 그들의 병을 치료할 때 주의해야 할 점을 알려주고 있다.

네 번째 「탕액」편에서는 약재를 구하는 방법부터 처방법, 약을 달이는 법, 먹는 방법 등 약에 대한 다양한 내용을 소개한다. 곡식, 고기, 생선, 과일, 채소는 물론 물, 흙, 금속, 돌에 이르기까지 우리 주변에서 이용할 수 있는 거의 모든 것을 담고 있다고 해도 과언이 아니다.

마지막 「침구」편은 실질적인 치료방법인 침과 뜸에 관한 이론과 시술 방법을 기록했다.

이러한 구성은 이름조차 어려운 질병을 위주로 하여 그 병의 원인, 증상 및 치료법을 나열한 책들과는 다르다. X-ray, CT 같은 첨단기기를 통해 몸 속의 상태를 알 수도, 직접 해부를 하거나 수술을 하는 것도 어려웠던 시대에, 우리 몸에 나타나는 변화를 통해 어디가 아픈지 알 수 있게 했다. 대소변의 상태라던가 눈이나 혀의 색깔 등 말이다. 이런 것들은 현대에도 여전히 병을 진단할 때 유용한 수단으로 쓰이고 있다.

동서양 의학이 만나는 『동의보감』의 건강법

건강이란 무엇일까? 단순히 몸 어딘가가 아프지 않으면 건강한 것인가? 세계보건기구WHO World Health Organization에서는 건강을 다음과 같이 정의하고 있다.

건강이란 질병이 없거나 허약하지 않을 뿐만 아니라 육체적·정신적·사회적 및 영적 안녕이 역동적이며 완전한 상태를 말한다.

이렇게 육체적 건강뿐 아니라 정신적으로도 건강한 상태를 진정한 건강이라고 할 수 있는데, 『동의보감』에서는 일찍이 이 점을 언급했다.

사람의 질병은 모두 조리와 섭생°을 잘못하는 데서 생기므로 수양이 우선이고, 약은 그다음이다.

『동의보감』은 병이 생기는 원인이 주변 환경 등 외부요

° 병에 걸리지 않도록 건강관리를 잘하여 오래 살기를 꾀함. 양생, 조섭, 보양과 비슷한 말이다.

인에만 있는 것이 아니라 나 자신, 즉 내면에서 생길 수 있음을 이야기한다. 그리고, 이는 만병의 근원은 스트레스라는 말과도 연결된다. 그렇게 때문에 마음을 수양하는 것이 제일가는 치료법이라고 설명한다. 최근 들어 명상이나 요가, 향기요법 등 다양한 방법을 통해 몸과 마음을 함께 치료하는 '심신의학'을 이미 조선시대부터 실천하고 있었던 것이다. 더불어 병이 든 후에 고치는 것보다 병이 나기 전에 조심해야 한다는 '예방의학'의 개념을 중시했다. 평상시에 양생, 곧 음식관리와 운동 등으로 병이 걸리지 않도록 하는 방법을 우선시한 것으로, 이는 면역력을 강조하는 현대의 건강관리법과 다를 바 없다.

여기서 『동의보감』 책 제목의 뜻이 무엇인지 짚어보자. 우리나라가 동방에 위치하기 때문에 '동의'라 했고, '보'는 보배, 감은 '거울'을 뜻한다. 여기서 거울이란 '만물을 밝게 비춰주어 그 형체를 조금도 숨길 수 없는 것'이라고 『동의보감』은 설명한다. 즉 동쪽(나라) 의술의 보배로운 거울이라는 의미이다.

1596년(선조 29년), 우리나라와 중국의 여러 의학서적을 모으고 자료를 정리하며 시작한 『동의보감』은 1611년(광해군 3년)에 완성, 2년 뒤인 1613년에 간행되었다. 중국에서는 이보다 백여 년이 지난 1700년대에 중국어 본으로 나온 이래 최근까지 30종이 넘게 출간되었고, 대만에서도 10종이 넘게 나왔다. 400년 전 의학서가 우리나라뿐 아니라 중국과 일본, 베트남을 비롯한 여러 나라에서 아직까지 간행되고, 읽히는 것은『동의보감』이 여전히 가치 있음을 보여주는 증거이기도 하다. 한의학에 있어서 보물 같은 거울, 본보기가 되는 책이라는『동의보감』의 그 이름처럼 말이다. 또한 2009년『동의보감』은 유네스코 세계기록유산에 등재되었고, 2013년은 '유네스코가 정한『동의보감』의 해'가 되었다. 의학기술이 발달하고 의료 선진국이라 불리는 다른 나라에도 수많은 의학책들이 있지만, 의학 서적이 유네스코 세계기록유산에 등재된 것은『동의보감』이 세계 최초라 한다. 이는『동의보감』의 구성과 내용이 훌륭한 것도 이유가 되겠지만, 힘없고 가난한 백성들을 위하는 마음이 담겨 있다는 것이 더욱 중요한 의미를 가지리라 믿는다.

더 읽을거리

생활 속 건강 실천법

『동의보감』에서 알려주는 건강법 몇 가지를 실천해보자.

① 손으로 코 양쪽을 위아래로 문지른다

　— 이렇게 하면 코와 연결되는 장부인 폐를 튼튼히 할 수 있다.

② 양쪽 귀를 잡아당기고, 손으로 귓바퀴를 문지른다

　— 귀와 관계 있는 장부인 신장을 튼튼하게 보하고, 귀가 잘 들리게 한다.

③ 손바닥을 비벼서 뜨겁게 한 다음, 양쪽 눈에 다리미질 하듯 대면 눈이 밝아진다.

④ 식사 후에 손으로 배를 문지르면서 걷는다.

⑤ 화를 내지 말아서 간기(간의 기운)를 보양하고, 사색과 걱정을 적게 하여 심기(심장의 기운)를 보양한다

　— 심장을 임금에 비유하여 '군주지관'이라 한 것처럼, 간은 장군으로 칭하며 모려가 나온다將軍之官 謀慮出焉고 했다. 모려는 '어떤 일을 꾀하는 깊은 계략'이란 뜻으로, 간이 계획과 지

254

혜, 정서활동을 주관한다는 의미이다. 정신 사유 활동과 관계가 깊으며, 우리 몸에 해가 되는 물질들을 해독하고 지켜주는 간의 기능이 마치 장군과 같다 하여 붙여진 별명이다. 한의학에서는 '간의 기운이 강하면 화를 잘 내고, 간기가 약하면 잘 무서워한다'고 한다. 일상생활에서도 겁 없고 대담한 사람들을 보면 '간이 부었다'고 하고, 놀랐을 때 '간 떨어질 뻔 했다'라고 표현한다. 이처럼 한의학 그리고 『동의보감』에서는 사람의 기분과 감정, 정신적인 면을 육체적인 건강과 연결시켜, 건강을 관리할 때도 두 가지를 병행해야 함을 강조했다.

단오풍정

신윤복, 18세기말~19세기초, 종이에 채색,
28.2×35.2cm, 간송미술관

5

단오절에 만나는

한약재들

단옷날 여인들의 모습을 담은 것으로, 우리에게 잘 알려져 있는 익숙한 그림이다. 이를 그린 신윤복(1758~?)은 김홍도, 김득신과 함께 조선시대 3대 풍속화가로 불린다.

신윤복은 아버지와 할아버지 역시 도화서의 화원이었고, 선배 화가인 김홍도의 영향을 받기도 했지만, 이후 자신만의 화풍을 개척하여 이름을 남겼다.

총명탕에 쓰이는 창포의 효능

단오는 음력 5월5일, 모내기를 끝내고 풍년을 기원하는 제사를 드리는 날로 우리나라의 큰 명절 중 하나였다. 그림에서 보다시피 이 날에는 그네를 타고, 창포물에 머리를 감는 풍습이 있었다. 단오절에 여자들이 잡귀를 없애기 위하여 행하던 치장을 '단오비음°'이라고 하는데, 창포탕(창포를 삶은 물)에 머리를 감고 새로 지은 녹색저고리와 붉은 치마를 입었다. 창포뿌리를 깎아 만든 비녀(창포잠)에 수복°° 두 글자를 새기고 끝에는 연지를 발라 머리에 꽂기도 했다.

창포菖蒲는 호수나 연못가, 강가의 습지에 나는 다년생 초본으로 시원한 향이 특징이다. '봄에 창포가 나온 이후에 농사를 시작한다.'°°°고 하여 창양昌陽이란 이명이 붙었다. 담음°°°°을 없애고 위장의 소화기능을 높이며, 마음을 진정시키고 경련을 가라앉히는 작용이 있다. 기침, 기관지염, 설사, 소화불량, 정신불안, 건망증 등에 사용한다.

°   단오빔, 단오장이라고도 한다.
°°   오래 살며 길이 복을 누림.
°°°   중국 명나라 의서 『본초강목』에서는 '창포가 동지로부터 57일이 지난 다음에 자라기 시작한다'고 했다.
°°°° 痰飮. 몸 안의 수액이 잘 돌지 못하여 만들어진 병리적인 물질.

◇ 석창포

『동의보감』「탕액편: 풀」에서 설명하는 창포는 석창포
이다. 산골짜리의 냇가, 습한 바위 틈에 붙어산다. 석창포石菖
蒲는 앞서 소개한 창포와 비슷하지만 잎이 좁고 길이가 짧으
며, 꽃도 작고 뿌리가 가늘다. 창포는 겨울에 잎이 지는데 반
해, 석창포는 사철 푸르다. 창포와 석창포 모두 천남성과 창
포속°에 속한다. 석창포 역시 창포라 부르기도 할 뿐더러, 약
용으로 쓰기에는 창포보다 석창포가 효능이 좋아 석창포를
소개한 것으로 보인다.『동의보감』에서 말하는 효능은 다음

°　창포와 석창포는 생물 분류(종속과목강문계)에서 속까지 동일, 종만 다르다.

과 같다. "귀와 눈을 밝게 하며 목청을 좋게 하고, 뱃속의 벌레를 죽인다. 이와 벼룩 등을 없애며 건망증을 치료하고 지혜를 길러주며 명치 밑이 아픈 것을 낫게 한다."

총명탕이라는 한약 이름을 들어본 적이 있는가? 기억력 감퇴와 건망증을 치료하는 처방인데, 주로 학습 및 기억증진을 위해 복용한다. '총명하다'란 말은 일반적으로 '똑똑하다, 영리하고 재주가 있다'는 뜻으로 쓰인다. 여기서 '총'은 '귀 밝을 총聰', '명'은 '눈 밝을 명明'이라는 한자를 사용한다. 이 총명탕에 들어가는 약재 중 하나가 석창포이다. 앞서 말한 석창포의 효능을 보니, 총명탕이라는 약 이름과 잘 연결된다.

단오날 비녀 끝에 발랐던 연지

단오비음의 일종으로 비녀 끝에 발랐던 연지는 주사나 잇꽃를 이용해 만들었다. 주사는 단사라고도 하는데, 그래서 주사로 만든 연지를 단지로도 부른다. 단지는 잇꽃으로 만든 연지에 비해 색이 더욱 선명하지만 수은이 함유되었기에 오래 사용하면 부작용이 생길 수 있다. 중금속인 수은의 독

◦ 고구려 수산리 고분 벽화 복원도

성에 중독되면 피부색이 변하거나 염증이 생길 수 있고, 심하면 괴사되기도 한다. 반면 잇꽃은 주사로 만든 연지보다 효과가 오래 지속되지 않고 사용하기 불편한 단점을 가진다. 신라에서는 잇꽃으로, 고구려에서는 주사로 연지를 만들었다. 5세기 후반 고구려인들의 생활이 담긴 평안남도 수산리의 고구려 벽화 속 인물에도 볼과 입술에 붉게 연지화장이 있다.

잇꽃과 주사(단사)는 둘 다 한약재로 쓰이던 것들이다. 주사는 유화수은과 약간의 산화철·점토 등의 성분으로 구

성된 광물질이다. 열을 내리고, 경련이나 발작을 진정, 정신
을 안정시키는 효과가 있다. 우황청심원의 재료로도 사용되
었다. 주사는 약으로 사용할 때, 수비°라는 과정을 거치는데
이는 물로 한약재를 법제°°하는 방법 중 하나이다.

단오날 오시에 뜯는 익모초와 쑥

단오는 1년 중에서 가장 양기가 왕성한 날이다. 이 중에
서도 오시午時(오전 11부터 오후 1시)는 양기가 가장 왕성한 시
간으로, 익모초와 쑥을 뜯었다. 이 때가 가장 쑥과 익모초의
약효가 좋다고 생각했기 때문이다. 특히 단오 즈음에 캐서
말린 쑥은 약애(약쑥)라고 이름붙였는데, 『동의보감』에서는
'단옷날 해뜨기 전에 말을 하지 않고 뜯는 것이 좋다'고 한
다. 익모초 즙은 여름에 더위를 먹거나 배탈이 나고 설사를
할 때 좋고, 여름철 식욕이 떨어졌을 때도 효과가 있다고 알
려졌다. 쑥으로는 떡을 만들어 먹고, 창포를 삶을 때 같이 넣

°　水飛. 광물성 한약을 몹시 보드라운 가루로 만들기 위하여 물에서 가는 것.
°°　法製. 한방에서, 자연 상태의 동식물·광물 등을 약으로 사용하기 위해 처리하는
　과정.

◇ 쑥(왼쪽)과 익모초(오른쪽)

어 사용하기도 했다. 백성들은 쑥을 대문에 걸거나, 다발로 묶어 대문 옆에 세워두었고, 궁중에서는 쑥으로 호랑이(애호艾虎)를 만들어 신하들에게 하사하는 풍속이 있었다. 쑥에 잡귀를 막는 벽사의 효과가 있다고 믿었기 때문이다.

익모초와 쑥은 모두 부인과 질환에 많이 사용한다. '익모益母'란 '부인에게 유익하다'는 뜻이다. 월경불순, 월경통, 무월경 및 산후에 출혈과 복통이 있을 때 사용할 수 있다. 이뇨작용이 있어 소변이 잘 나오지 않을 때도 효과적이다. 『동의보감』에서는 익모초를 화장품, 비누처럼 활용하는 법을 소개하기도 했다. "얼굴에 쓰는 약에 익모초를 넣어 쓰면 얼굴에 윤기가 나게 된다. 5월 5일에 뿌리와 잎을 따서 햇볕

◇ 채애採艾

윤두서, 17세기말~18세기초, 비단에 수묵, 25×30.2cm, 개인 소장.
'쑥을 캐는(채애)' 여인들의 모습을 담고 있다.

에 말린 후 가루내어 물로 반죽하여 달걀만하게 만든다. 센 불에서 30분 정도 태운 다음 하루가 지난 뒤 꺼낸다. 사기그릇 속에 넣고 한 번 더 갈아 체로 친 것을 모아 가루비누처럼 만들어 쓰면 풍분자(여드름 같은 피부병)가 없어지고 얼굴이 윤택해진다."

또한 익모초의 씨인 충울자는 정을 보하고, 눈이 충혈

되면서 아플 때 좋다. 이처럼 익모초는 잎, 뿌리부터 씨앗까지 모두 알차고 꽉 차 있다고 하여 '충울_{茺蔚}°'로 불렸다. 눈 건강에 좋아 익명_{益明}이라는 이명도 있다.

쑥은 단군신화에서도 나오듯이, 신비한 힘을 지닌 약재로 오랫동안 이용되어 왔다. 특유의 향과 함께 항균, 소염 작용이 있어 예로부터 방향제, 목욕용품 등으로 다양하게 사용했다. 마늘, 당근과 함께 성인병을 예방하는 3대 식물에도 속한다. 농사를 지을 때는 영양제로, 병아리와 어린 돼지들에게 먹이면 면역력이 좋아진다고 하여 사료로 활용했다.

한약재로 사용할 때는 애엽이라고 하는데, 황해쑥·쑥·산쑥의 잎과 어린 줄기를 말린 약재이다. 그 효능이 뛰어나, 의사·의술·의학과 같은 '의'자를 넣어서 '의초_{醫草}'라고도 부른다. 쑥은 따뜻한 성질이 있어 비위를 따뜻하게 하고 혈액순환에 좋다. 배가 차서

◇ 인진호

°　蔚. 빽빽하다. 무성하다. 기운이나 세력이 한창 왕성하다.

복통이 있을 때도 좋고, 하혈·대하(냉)·불임 등 다양한 여성질환에 많이 활용한다.

인진호(사철쑥)는 애엽과는 또 다른 약재로 간염, 황달 등 간과 담질환에 사용할 수 있다. 약성은 서늘하고 습열을 제거해 효과가 습진, 가려움증 같은 피부 질환에도 효과가 있다.

신비의 물질? 유독성 물질!

수은Hg은 실온에서 액체인 유일한 금속으로, 고대로부터 신비하고 매혹적인 물질로 여겨졌다. 미백효과가 있어 옛날부터 동서양 모두에서 화장품으로 사용되었는데, 영국의 여왕 엘리자베스 1세도 즐겨 사용했다고 전해진다. 치과용 충전재인 아말감과 예전에 소독약으로 많이 바르던 머큐로크롬(일명 빨간 약)에도 수은이 들어 있다.

현재는 수은의 심각한 신경독성 후유증과 환경 문제로 인해 2013년 유엔환경계획UNEP 주도로 미나마타협약이 체결되었고, 한국은 2014년 이 협약에 서명했다. 이 수은 금지 협약은 혈압계 · 체온계 등 의료기기 및 수은전지 · 화장품 · 형광등 등 8종의 수은 첨가 제품에 대해 2020년부터 제조 및 수출 · 수입을 할 수 없도록 하는 내용을 담고 있다.

씨름

김홍도, 18세기,
수묵채색화, 26.9×22.2cm,
보물 527호, 국립중앙박물관

6

토끼의 간을
약으로 쓸 수 있을까?

김홍도의 『단원풍속도첩』 중 〈씨름〉이다.

화면의 중앙에는 씨름을 하고 있는 장정 두 명이 있고, 이들을 원형으로 둘러싸고 있는 구경꾼들의 표정이 흥미진진하다. 여기서 이 씨름에 제일 관심 없는 이가 한 명 있으니, 그는 바로 엿장수다. 아예 씨름하는 쪽으로는 눈길도 주지 않은 채 서 있는 모습이다. 그러나 그 역시 오른편의 벗어놓은 신발과 함께, 그림에서 활용되는 원형 구도의 한 자리를 차지한다.

약으로도 쓰이는 엿

엿은 이당이라고 하는데, 이당의 「약성가」(약재의 성질과
효능을 읊은 한시)는 다음과 같이 소개한다.

飴糖味甘 潤肺脾 止渴消痰 滿休施
(이당미감 윤폐비 지각소담 만휴시)
엿은 맛이 달다. 폐와 비장을 윤택하게 하며, 갈증을 멎게 하고
담을 없앤다. 배가 그득 찬 느낌이 있으면 쉬었다가 먹는다.

한의학 용어라던가 한자가 어렵고 부담스럽게 느껴질
수 있지만, 약의 성질과 효능을 노래처럼 만들어 쉽게 알 수
있도록 한 점이 재미있다. 이 「약성가」는 혜암 황도연이 저
술한 『방약합편』에 있는 내용이다. 『방약합편』은 1885년(고
종 22년)에 출판한 처방에 관한 책으로, 현재까지도 한의학에
관심 있는 국내외의 사람들에게 널리 활용되고 있다. 그런
데 황도연은 이 책 외에도 다른 면에서 유명한 인물이기도
하다. 그가 생존해 있을 때 초상화가 제작된, 최초의 한의계
인물이기 때문이다. 이 초상은 그의 또 다른 저서인 『의종손
익』에 실려 있는데, 목판본 한의서에 초상화가 실린 것 역시

그가 최초이다.

황도연의 다른 책들에도 그의 초상화가 있다. 지금은 책 표지 앞이나 뒤편에 저자의 사진이 많이 들어가 있지만, 황도연이 살았던 시대(1808~1884년)에도 이렇게 책에 저자의 초상화를 넣었다는 사실이 흥미롭다.

◦ 황도연 초상화
『의종손익』, 고려대학교 소장본

「약성가」 일부는 판소리 〈수궁가〉°의 사설로 재구성되기도 했다. 〈수궁가〉 중 도사가 병이 난 용왕을 진맥하여 병의 원인을 밝히고 각종 약을 처방하는 대목으로, "인삼은 미감(맛이 달다)허니 대보원기(원기를 크게 보한다)허고 지갈생진(갈증을 가시게 하며, 진액을 만든다)허면 조영양(영위를 조화시킨다)이로다"로 시작하여 다른 약재의 「약성가」 몇 개가 더 이어진다.

° 　판소리 다섯마당 가운데 하나. 용왕이 병이 들자 별주부(자라)가 약에 쓸 토끼의 간을 구하기 위해 토끼를 속여 용궁으로 데려오지만, 토끼가 기지를 발휘해 육지로 살아 나온다는 내용의 판소리 작품.

이 때 영위는 영기와 위기°를 가리키는 말로, 모두 음식의 정미로운 물질에서 생기는 기氣에 속한다. 영기는 혈맥 속을, 위기는 혈맥 밖을 따라 순환하고 영양 작용을 한다. 영기는 팔다리와 오장육부 등 온 몸에 영양분을 공급하며, 위기는 피부를 튼튼하게 하고 땀구멍을 열고 닫는 것을 조절해 외부로부터 안 좋은 기운이 들어오는 것을 막아준다. 이러한 영위를 조화시키는 효능이 있는 인삼은 조혈°° 기능을 강화하고, 면역력 증진에 효과가 있다.

『별주부전』 속 자라의 효능

자라는 거북목 자라과에 속하는 파충류다. 거북이나 남생이는 '귀龜', 자라는 '별鼈'이라 한다. 『별주부전』의 '별'은 자라를, '주부'는 관직 이름을 뜻한다.

자라는 불포화지방산을 비롯한 영양분이 많아 자양강장 식품으로 꼽힌다. 또한 레시틴과 타우린 성분이 있어 혈

° 衛氣. '衛'는 지키다, 호위하다의 뜻이다. 위장의 기운인 위기胃氣와는 다르다.
°° 造血. 생물체의 기관에서 피를 만들어 냄.

◇ 별주부전°
영·정조 시대에 형성된 작품으로, 판소리 〈수궁가〉를 소설화한 것.
일제강점기에 만들어진 책, 전북 고창군 판소리박물관 소재.

중 콜레스테롤을 낮추고 뇌졸중, 심근경색을 예방하는 효과
가 있다. 레시틴은 인지질의 하나로, 난황(알의 노른자)·콩기
름 등에 많다. 타우린은 아미노산의 일종으로, 자양강장제·
피로회복제의 원료로 활용된다.

° 　조선시대 작자 미상의 한글 소설. 『토끼전』, 『토생원전』, 『토의 간』이라고도 한다.

특히 자라의 등딱지(별갑)는 한약재로 사용하는데, 어혈을 없애는 작용이 있어 무월경, 자궁근종 같은 부인과 질환에 효과가 있다. 열을 내리고 진액을 보해주어, 열병을 앓고 탈수하여 입안이 건조하고 헐 때도 좋다.

그런데 〈수궁가〉에서 궁금한 한 가지, 진짜 토끼의 간을 약으로 쓸 수 있을까? 놀랍게도 『동의보감』에는 토끼 간(토간)을 눈이 안 좋을 때 먹으면 좋다고 설명한다.

"눈이 어두운 것을 치료하며 눈을 밝게 해주고 허로증을 보한다."

허로증이란 간단히 말하면 몸이 약한 것으로, '몸이 허하다, 보약을 먹어야겠다'라고 할 때의 증상으로 이해할 수 있다. 〈수궁가〉를 보면 온갖 약과 침을 써도 병세가 점점 위중해진다는 대목이 있는데, 그렇기 때문에 자라가 용궁에서부터 멀리 뭍에 사는 토끼의 간까지 구하러 갔던 것이다.

건강한 여름 음료

커피에는 카페인이 함유되어 있는데, 카페인은 커피뿐 아니라 차, 초콜릿, 콜라 등에도 들어있다. 카페인은 각성제, 흥분제, 강심제, 이뇨제 등 약으로도 만들어져 다양한 용도로 사용한다. 다만 카페인 성분에 이뇨 작용이 있는 만큼, 땀을 많이 흘리는 여름에 커피를 자주 마시는 것은 좋지 않다.

『동의보감』에 소개되어 있는 '생맥산'은 맥문동, 인삼, 오미자 3가지 약재를 물에 달인 것인데, 그 색도 보통의 한약처럼 진하지 않고 맛도 새콤해서 음료처럼 마시기 좋다. 약 이름부터 '생맥(맥을 생한다. 살린다)'이니, 기운 없고 맥 빠질 때 먹으면 도움이 된다. 또한 심장의 열을 내리게 하고 폐를 깨끗하게 하는 효능이 있어, 특히 여름에 마시기 적당하다.

五

이제까지 우리는 다양한 옛그림을 통해 한의학에 조금 더 다가갈 수 있었다. 그럼, 마지막으로 한의학의 기본 원리를 담고 있는 그림들을 살펴보자.

　한의학의 기본 원리라고 하면 굉장히 낯설고 어렵게 느껴질 수도 있다. 하지만 앞서 살펴본 것처럼 한의학은 우리 생활 곳곳에서 찾아볼 수 있고, 특히 옛 조상들의 생각, 가치관, 세계관과 그 흐름을 같이 하고 있다. 한의학의 기본 개념인 음양오행이 담긴 그림도 알고 보면 이미 우리 곁에 친숙하게, 아주 가까이 있다.

일월오봉도 병풍
19세기 말~20세기, 비단에 채색,
231.3×334cm, 국립고궁박물관

1

일월오봉도 속

음양오행의 원리

왕의 권위와 존엄을 상징하는 4폭의 일월오봉도 병풍이다. 조선시대 의궤°에는 '오봉병' 혹은 '오봉산병'으로 기록하고 있다.

오봉병은 장식적인 성격이 강한데, 조선시대를 배경으로 한 사극 드라마나 영화를 보면 임금의 뒤편에서 어렵지 않게 찾아볼 수 있다. 왕이 있는 곳이라면 실내뿐 아니라 실외에서도 어좌(임금이 앉는 자리) 뒤에 오봉병을 배치했다.

° 儀軌. 조선시대에 왕실과 국가의 주요 행사 내용을 정리한 기록.

오봉병은 왕이 죽은 뒤에도 빈전°에 있었고, 진전°°에서
는 왕의 초상화의 뒤에까지 두었다. 즉 일월오봉도 자체만
으로는 미완성이며, 왕이 그 앞에 있을 때 완성된 의미를 갖
는다.

　일월오봉도는 우리나라 고유의 철학과 문화를 담아낸
그림으로, 구성은 대부분 동일하다. 일월오봉도라는 그 이름
처럼 해와 달, 그리고 다섯 개의 산봉우리가 화면의 중심에
자리한다. 산봉우리 위쪽으로 해(붉은색)는 오른편, 달(흰색)
은 왼편에 떠 있다. 좌우 가장자리, 화면의 맨 끝 쪽에는 소
나무가 두 그루씩 서 있고, 계곡을 따라 흘러내린 폭포는 아
래편 물을 향해 떨어지며 밑에는 파도가 친다.

　해와 달은 임금(혹은 '왕과 왕비'라고도 함)을 상징한다. 다
섯 봉우리는 산신에 제사를 지내던 오악(금강산, 백두산, 지리산,
묘향산, 삼각산°°°)으로, '악嶽'은 큰 산이라는 뜻이다. 그래서 일
월오봉도를 일월오악도라 부르기도 한다. 산봉우리는 임금
의 장수를 기원하는 마음도 담고 있다. 소나무는 권위와 장엄

°　　殯殿. 장례 때까지 임금 또는 왕비의 관을 두는 전각.
°°　 眞殿. 역대 왕의 어진(초상화)을 봉안한 전각.
°°° 삼각산은 '북한산'의 다른 이름이다. 백운대, 인수봉, 만경대의 세 봉우리가 있어 이
　　렇게 부른다.

의 상징이자, 무성한 소나무처럼 왕의 후손들이 번창하기를
바라는 의미가 있다. 물은 생명의 원천으로, 두 줄기의 폭포
는 왕과 왕비의 화합과 생명 잉태를 향한 기원이 담겨 있다.
파도는 임금이 신하들과 정치를 논하는 곳인 조정을 의미한
다. 조수潮水(밀물과 썰물)의 '조'와 조정朝廷의 '조'가 발음이 같
은 데서 유래했다는 설이 있고, 조정에 드나드는 신하를 파도
에 비유했다고도 한다. 마지막으로 일월오봉도의 앞에 자리
한 왕은 이 모든 우주질서의 중심에 존재하는 주재자가 되어,
왕을 포함한 일월오봉도가 하나의 그림으로 완성된다.

모든 요소를 종합해볼 때 일월오봉도는 임금은 천명(하
늘의 명)을 받아 통치하는 것이라는 왕권의 정당성과 함께,
왕실과 나라의 안녕과 무궁을 기원하는 그림이다. 일월오봉
도는 덕수궁 중화전, 경복궁 근정전, 창경궁 명정전, 창덕궁
인정전 등에서 찾아볼 수 있다.

일월오봉도 속 음양오행의 의미

우리 주변에서 일월오봉도를 쉽게 찾을 수 있는 곳은,
바로 만원권 지폐이다. 2007년에 발행된 대한민국의 만 원

◇ 십장생도

국립고궁박물관.
무병장수를 기원하는 그림으로 왕비나 왕세자의 뒤에 주로 두었다.

짜리 지폐 앞면을 보면, 세종대왕의 초상화 뒤편에 일월오
봉도가 자리하고 있다.

　일월오봉도는 동양사상이자 철학인 음양오행을 바탕으
로 한다. 해와 달은 각각 양과 음을, 다섯 봉우리는 오행을
나타낸다. 오악을 방향으로 나누어보면 동쪽은 금강산, 남쪽
은 지리산, 서쪽은 묘향산, 북쪽은 백두산, 중앙은 삼각산(북
한산)이다. 이를 다시 오행(목화토금수)과 방향으로 연결시켜
보면, 동쪽은 목, 남쪽은 화, 중앙은 토, 서쪽은 금, 북쪽은 수
가 된다.

중국 전설의 곤륜산°이 5개의 봉우리로 되어 있는 데서 유래했다는 해석도 있어, 일월오봉도의 다른 이름으로 일월곤륜산이 있다. 하지만, 중국에는 곤륜산 그림은 있지만 이렇게 해와 달, 소나무, 물이 어우러지는 모습을 그린 것은 없다. 그런 면에서 일월오봉도는 중국이나 일본 등 다른 동양 문화권의 나라들과 달리 우리나라에서 발달한 독창적인 그림이라 할 수 있다.

좌우 양쪽에서 두 줄기로 흐르던 폭포는 아래에서 물로 합쳐지는데, 이는 왕과 왕비 즉 양과 음의 조화와 그로 인한 새 생명을 바라는 마음을 나타낸다. 소나무 또한 하늘과 땅, 곧 양과 음을 연결하는 매개체이다. 특히 나무의 겉껍질에 붉은빛이 도는 적송°°은 조선소나무라고 부를 만큼, 우리나라를 상징하는 나무로 성스럽고 귀하게 여겼다. 그래서인지 궁궐을 지을 때는 적송을 사용했다고 한다. 이렇듯 일월오봉도는 왕이 통치하는 인간세상뿐 아니라 넓게 보면 우주 삼라만상의 원리를 품고 있다.

° 　중국의 전설에서 멀리 서쪽에 있어 황허의 발원지로 믿어지는 성스러운 산.

°° 　적송은 바다 근처의 '해송'과 달리 주로 내륙에 분포하여 '육송'이라고도 부른다. 한편 적송은 소나무의 일본 이름으로, 우리나라 옛 문헌에서 소나무를 적송이라 부른 예는 없다고도 한다.

음양오행이란?

음양陰陽 한자를 살펴보면, 모두 부수가 'ß (좌부변)'이다. 좌부변은 '언덕 부'를 의미한다. 태양이 언덕을 비출 때 햇빛을 받는 부분은 환하고, 빛을 받지 못해서 그늘지는 부분은 어둡다. 이 중 밝은 곳은 양, 어두운 곳은 음이 된다. 중국어(중국식 한자, 간체자)에서 음은 阴, 양은 阳으로 표기한다. 좌부변을 제외한 오른쪽 글자만 보자면, 달月과 해日가 된다. 달은 음을, 해는 양을 대표하는 것으로 이러한 일월의 글자를 사용하여 음양을 표기한 것이다.

이렇듯 음양은 달과 해, 밤과 낮, 땅과 하늘, 아래와 위, 속과 겉, 물과 불, 차가움과 따뜻함, 여자와 남자 등을 예로 들 수 있다.

음양은 상대적인 개념이다. 예를 들어 밝음을 양, 어두움을 음이라 할 때, 밝은 중에서도 조금 어두운 것은 양 중의 음陽中之陰, 더 밝은 것은 양 중의 양陽中之陽이 된다. 이렇게 생각해보면 음양에서 사상, 다시 팔괘로 분화되는 과정°을 알기 쉽다.

° 뒤쪽의 「사상체질-태극에서 사상으로」에서 자세히 다루었다.

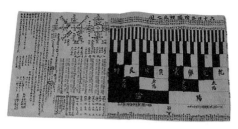

◇ 육십사괘 음양상생지도
음양이 전개된 64괘를 정리한 그림이다. 국립중앙박물관

　음양의 원리는 언뜻 세상을 이분법으로 나누는 편협한 이론이라는 부정적인 생각이 들 수도 있다. 하지만 음과 양은 딱 떨어지게 분리되는 개념이라기보다, 대립도 하지만 서로 의존하고 조화를 이루며 세상 모든 것을 생성하고 순환, 변화시키는 두 가지 기운이다.

　오행은 우주 만물을 이루는 다섯 가지(목, 화, 토, 금, 수)를 말한다. 목木은 나무, 화火는 불, 토土는 흙, 금金은 쇠·금속, 수水는 물이다. 이러한 오행은 상생과 상극의 관계를 가진다.

　상생相生 관계란 엄마와 아들(모자)의 관계로 생각하면 편한데 즉 '생한다, 낳는다'의 의미이다. 목생화(목이 화를 낳는다. 나무를 태우면 불이 생김), 수생목(수가 목을 낳는다. 물을 흡수하여 나무가 자람) 등을 예로 들 수 있다. 상극相剋 관계는 '극한다, 제압한다'는 뜻이다. 상극 관계는 수극화(수가 화를 극한다. 물이 불을 끈다), 금극목(금은 목을 극한다. 쇠로 나무를 자른다) 등이 있다.

상극이라는 단어는 일상생활에서도 사용한다. "개들은 상극이라서 만나기만 하면 싸워", "개와 고양이처럼 상극이야" 등이 바로 그것이다. 하지만 상극이란 꼭 나쁜 것만은 아니다. 불이 너무 치성해서 활활 타오를 때는 물을 조금 넣어줘서 불기운을 줄여줄 필요가 있다. 이러한 상생과 상극이 서로 균형을 이룰 때 조화로운 관계가 형성될 수 있다.

오행 중에 우리가 쉽게 볼 수 있는 예는 사대문과 보신각이다. 사대문은 조선시대 서울 도성의 사방에 세운 성문이다. 지금이야 서울이 강남도 발달하고 예전에 비해 그 범위가 넓어졌지만, 예전에는 사대문 안을 진정한 서울이라고 생각했다. 1396년(태조 5년) 도성을 축조할 때 정남에 숭'례'문(남대문), 정북에 홍'지'문(북대문), 정동에 홍'인'문(동대문)°, 정서에 돈'의'문(서대문)을 세웠고 그 가운데에 보신각이 있다. 각각의 이름을 살펴보면 이름의 가운데 각각 '인의예지신'이라는 한 자가 포함되어 있는데, 이는 사람이 갖추어야 하는 다섯 가지 도리인 '오상五常'을 뜻한다.

오행	목	화	토	금	수
방위	동	남	중앙	서	북
오상	인	예	신	의	지

오행과 방위, 오상의 관계

한의학 속 음양오행의 원리

이러한 음양오행은 한의학에서도 기본 바탕이 된다.

하늘이 양, 땅이 음이듯 인체에서 위쪽인 머리는 양, 아래쪽 발은 음이다. 몸에 열이 나는 것은 양의 기운이 치성한 것이고, 몸이 차가워지면 음의 기운이 강해진 것이다. 기혈을 음양으로 나누자면, 유형有形의 혈(피)은 음에, 무형無形의 기氣는 양에 해당한다. 마찬가지 개념으로 무형의 정신은 양에, 유형의 육체는 음에 해당된다. 이는 상대적으로 자유롭게 움직이고 형체가 일정치 않은 무형은 양에, 움직임이 제한적이고 뚜렷한 모습을 가진 유형은 음에 배속되기 때문이다. 타오르는 불길이 양, 흐르는 물이 음인 것을 생각하면 이미지를 연결시킬 수 있다.

인체의 음양 중에서 한열은 특히 중요하다. 몸이 찬 사람은 따뜻한 성질을 가진 음식과 약을 먹는 것이 좋고, 몸에

	오행	목	화	토	금	수
인체	오장	간	심장	비장	폐	신장
	오부	담	소장	위	대장	방광
	오체ºº	근 (힘줄,인대)	맥 (혈관)	육 (살,근육)	피부	뼈
	오관ººº	눈	혀	입	코	귀
	오정ºººº	분노	기쁨	생각	슬픔	공포, 두려움
	오성ººººº	고함, 부르짖음(呼)	웃음(笑)	노래(歌)	울음(哭)	신음(呻)
자연계	계절	춘(봄)	하(여름)	장하ººººººº (늦여름)	추(가을)	동(겨울)
	오화ºººººº	발생(生)	성장(長)	변화, 전환(化)	수확(收)	저장(藏)
	색깔	청(푸른색)	적(붉은색)	황(노란색)	백(흰색)	흑(검은색)
	맛	신맛	쓴맛	단맛	매운맛	흑(검은색)

오행귀류표º

º	五行歸類表. 오행의 속성으로 인체와 자연계를 분류해놓은 표.
ºº	五體. 오장의 기능과 연계된 인체 부위.
ººº	五官. 오장과 관련시켜 본 5개의 기관.
ºººº	五精. 오장에 간직하고 있는 정기(精氣).
ººººº	五聲. 사람의 정서 변화와 관련된 소리.
ºººººº	五化. 사물 현상의 5가지 변화 과정.
ººººººº	長夏. 음력6월, 장마철.

지나치게 열이 많은 사람은 서늘한 성질의 음식과 약으로 식혀주어야 한다. 오랜 기간 한쪽으로 치우치게 되면, 몸에 무리가 될 수 밖에 없고 이는 곧 질병이 생기기 쉬운 상태가 된다.

얼굴에 있는 눈코입귀와 혀, 인체의 구성성분(뼈와 살, 근육, 피부, 혈맥), 장부뿐 아니라 인간의 감정(화내고 기뻐하고 근심하고 두려워하고, 생각하는 것)까지 오행의 다섯 가지로 나눌 수 있다. 그리고 이것은 자연과도 이어진다. 앞서 말했던 방향(동서남북, 중앙)과 색깔(푸른색, 붉은색, 노란색, 하얀색, 검은색), 맛(시고 쓰고 달고 맵고 짠 맛) 등이 바로 그것이다.

그래서 이러한 오행을 바탕으로 장부 중 어디에 문제가 있는지 알아낼 수도 있다. 예를 들어, 입냄새가 많이 나는 사람은 비위가 약한 것이고, 무엇을 먹어도 혀에서 쓴 맛을 느끼는 사람은 심장이 약할 수 있다.AI(인공 지능)와 IoT(사물 인터넷), 3D 프린팅, 빅데이터 등 4차 산업혁명 시대에 웬 옛날 구닥다리 음양오행이냐고 반문할 수도 있다.

하지만 조화와 균형이라는 측면에서 조금은 편안하게 음양오행을 받아들이면 좋을 것이다. 맵고 짜고 달고 자극적인 맛에만 길들여지지 않고 다섯 가지 맛을 골고루 먹고, 여름이라고 너무 찬 음료나 시원한 음식만 찾지 않고 뱃

속을 따뜻하게 유지하며, 화를 내거나 우울하고 불안해하기 쉬운 세상이지만 감정을 잘 조절하는 것. 그저 밤이 지나면 낮이 오고, 계절이 변해가는 자연의 이치처럼 인간도 자연과 더불어 균형을 유지하고, 조화롭게 살아가는 것. 이런 자연스럽고 여유로운 삶의 태도가 바로 음양오행이 아닐까 싶다.

태극 → 음양 → 오행 → 만물

'무극이태극無極而太極'은 주무숙의 저서 『태극도설』에 있는 말로, '무극'이 곧 '태극'이라는 뜻이다. 무극은 태극의 맨 처음의 상태이며, 태극은 우주의 본체이자 우주 만물의 근원이다.

무극은 글자 그대로는 '끝이 없다'는 의미인데, 이는 형체도 색깔도 시작도 끝도 없는 즉 시공간이 없는 상태이다. 하지만, 이는 단순히 아무것도 없이 텅 빈 것이 아니라, 우주만물의 처음이라는 점에서 곧 태극이기 때문에, '무극이태극'이라는 것이다.

'무극이태극', 이 의미에 대해서는 학자들마다 다양하게 해석해왔다. 특히 유교, 성리학에서 깊이 있게 다루었다.

태극은 아직 음양이 나누어져 있지 않을 때 단 하나의 존재이다. 이는 음과 양 두 가지의 가능성이 있다. 음과 양이 발전하면 오행을 만들어낸다. 태극 → 음양 → 오행 → 만물의 순서로 발전하는 것이다.

낙도 병풍 중 쌍룡
19세기 말~20세기 초, 종이에 채색,
38.4×91.0cm, 개인 소장

2

사상체질

태극에서 사상으로

〈낙도〉 병풍 중 〈쌍룡〉 그림이다. 쌍룡은 본래 청룡과 황룡을 말하는데, 여기서는 좀 더 붉은 빛의 적룡으로도 보인다. 두 마리 용이 함께 물 위로 솟아오르고 있다. 각자 다른 두 마리 용이지만 그들을 한데 둘러싼 선은 둘이 뒤엉켜 있는 하나의 존재라는 듯하다.

낙도樂圖는 즐거운 그림이란 뜻으로 후대에 붙여진 이름인데, 이 병풍의 그림들은 화조도이다. 꽃과 새를 그리는 화조도는 넓은 의미로는 조류만이 아니라 동물 전체를 포함한다. 그림의 오른쪽 위에는 "雙龍倚上碧溪春(쌍룡기상벽계춘. 쌍룡이 봄날 맑은 시냇가에서 솟아오르다)"라고 쓰여 있으며, 가운데 위쪽으로는 "태극"이란 두 글자가 적혀 있다. 즉 〈쌍룡〉은 음양이 갈라지기 전 하나의 존재이자, 만물의 근원인 태극을 주제로 한 그림이다. 마치 카오스chaos처럼 만물이 생성되기 이전의 혼돈한 상태, 그리고 두 마리 용의 융합을 통해 태극을 표현한 것으로 보인다.

태극기에서도 찾을 수 있는 음양과 사상

이번에는 우리나라의 국기, 태극기를 살펴보자. 대한민국의 역사적인 현장마다 함께한 우리나라의 상징이다.

우리나라의 국기는 1882년(고종 19년) 조미통상조약을 계기로 제정되었다. 당시 중국 청나라는 그들의 국기(황색 바탕의 용 무늬)를 본받아 삼각형 청색 바탕에 용을 그려 사용할 것을 요구했다. 그러나 조선은 우리의 조상 대대로 즐겨 사용하던 태극 문양을 사용했다. 이후 4괘를 더해 1883년 정식으로 태극기를 국기로 채택, 공포했다. 대한민국 정부 수립 후 1949년, 태극기의 제작법을 통일하여 현재까지 이어지게 된다.

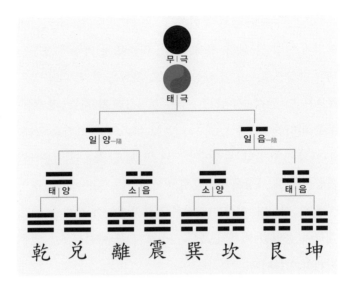

◇ 무극, 태극, 음양, 사상(태양 소음 소양 태음), 팔괘(건태리진손감간곤),
팔괘는 자연계 구성의 기본이 되는 하늘(건)·연못(태)·불(리)
·천둥, 지진(진)·바람(손)·물(감)·산(간)·땅(곤)을 상징한다.

태극기에도 음양의 원리가 있다. 태극기의 한가운데 있
는 '태극'은 '무극'에서 나온 것으로 '음양'의 어머니이다. '무
극'은 원래 도교에서 나온 말인데, 불교의 '공'과 비슷한 의
미다. 아무것도 없는 고요한 상태, 우주의 생성 과정으로 보
자면 빅뱅 이전이라고 할까? 이러한 무극에서 조금씩 움직
임과 변화가 생기는 상태가 태극이다. 그렇지만 태극은 아
직 음이나 양으로 분화, 분리되기 이전이다.

또한 양에도 양과 음이 있고 음에도 양과 음이 있는데 이것이 사상 즉 태양, 소음, 소양, 태음이다. 이렇게 음양은 다시 음양으로 나뉘어 사상이 되고, 사상은 한 번 더 음양으로 나뉘어 팔괘가 나오고, 이중 '건곤감리'가 하늘·땅·물·불을 의미한다.

"나는 태양인 체질이야", "넌 딱 봐도 소음인 같은데?" 가끔 이렇게 사상체질에 대해 이야기하는 것을 들어본 경험이 있을 것이다. 이러한 사상체질 역시 음양에 기반을 두고, 태극이 음양을 거쳐 분화된 사상에서 그 아이디어를 얻은 한의학 이론이다.

사상체질의학의 창시자 이제마

사상체질의학을 창시한 이제마(1837~1900)는 허준과 함께 우리나라 한의학 역사상 가장 유명한 인물이다. 그는 평생 병에 시달렸는데 온갖 방법을 다 써보아도 낫지 않았다고 한다. 결국 스스로의 병을 고치기 위해, 사람의 체질을 네 가지로 나누는 새로운 한의학 이론인 사상의학을 만들게 된다. 이제마는 자신을 태양인이라고 했는데, 태양인은 그 수

○ 이제마 초상
왼쪽은 한의사이자 화가인 최광수가 그린 것이며 오른쪽은 1920년대에 그린 뒤
1941년 『상교현토 동의수세보원』에 수록된 것이다.

가 만 명 중 열 명도 되지 않는 극히 소수에 지나지 않았기 때문에 기존의 한의학 이론으로는 자기 자신을 치료할 수 없었던 것이다.

이제마의 초상으로 전해지는 것은 두 개가 있다. 하지만 앞에서 소개했던 다른 인물들의 초상화와는 달리, 그가 살아 있을 때 그려진 것이 아니다. 후세 사람들이 이제마를 생각하고 상상하면서 그렸던 그림이기 때문에 실제 그의 모습과는 차이가 있겠지만, 그 스스로 태양인이라고 했기에 태양인의 모습은 어떤지 참고할 수 있다. 다만, 두 가지 초상의 차이가 너무 큰 점이 아쉽다.

좌측의 초상인 이제마 영정은 한의사이자 화가인 최광수(1932~1990년)가 그린 것으로 알려져 있으나 정확치는 않다. 우측의 이제마 초상은 『상교현토 동의수세보원』에 수록된 것으로, 이는 1941년 간행된 7판본이다. 『동의수세보원』은 여러 차례에 걸쳐 출판되었으나, 특히 이 7판본이 높은 평가를 받고 있다. 이는 이제마의 수제자이자 유학자, 한문교육자인 한두정이 『동의수세보원』 전문에 걸쳐 상교°현토°° 작업을 하고, 초판본에 없던 보유방補遺方°°°을 추가한 것이다. 『상교현토 동의수세보원』에 실린 초상화는 그가 죽고난지 20년이 지났을 무렵인 1920년대에 후손들이 그의 모습을 기억하며 그렸다고 알려졌다. 지금까지 남아 있는 이제마의 초상 중 가장 그의 실제 모습과 비슷하다는 평이다.

이제마와 친분이 있었던 이능화°°°°(1869~1943년)는 눈

° 詳校. 틀림이 있나 없나를 살펴보기 위하여 자세히 맞추어 봄.
°° 懸吐. 한문에 토를 다는 일. 한문을 읽을 때 구절과 구절 사이에 우리말 조사나 어미 등을 붙여 읽는 방법.
°°° 계부곽진이중탕, 궁귀총소이중탕, 갈근나복자탕 등의 사상처방.
°°°° 한국의 역사학자·민속학자. 『조선사』 편찬사업, 청구학회에 참여했고, 민족계몽 활동을 하였다. 친일단체 국민총력조선연맹 위원이었다. 저서로 『조선불교통사』 등이 있다.

병을 심하게 앓았는데, 이제
마는 그를 소양인으로 판단
하여 석고와 활석°을 처방했
다는 자료가 남아 있다. 화질
이 좋지는 않지만 다행히 그
의 사진이 남아 있어 이제마
가 생각했던 소양인의 모습
을 추측할 수 있다.

◇ 이능화

　　2012년, 한국한의학연구
원에서는 사상체질에 따른 한국인의 대표 얼굴의 유형을 그
래픽으로 만들어 발표했다. 이렇게 눈으로 관찰하여 알 수
있는, 얼굴 혹은 몸의 골격으로 그 사람의 체질이나 증상을
진단하는 것을 '망진'이라고 한다. 물론 그림이 아닌 살아 있
는 사람이라면 그 사람의 생김새뿐 아니라 걸음걸이, 자세
등 여러 가지 특징을 조금 더 자세히 살필 수 있다.

　　실제 사상체질을 판별할 때는 얼굴 생김새 외에도 체
형, 음성 및 설문조사를 종합하여 판단한다. 눈으로 모습을

°　　소양인의 위열병(胃熱病)으로 인해 눈병이 생긴다고 판단하여, 성질이 찬 약인 석고
　　와 활석을 사용하여 치료했다.

보고 귀로 목소리와 말투를 듣고 거기에 더해 성격까지, 다양한 측면을 보고 체질을 판단해야 하므로 정확한 사상체질을 진단하기란 쉽지 않다.

『삼국지』 속 인물은 어떤 체질일까?

그럼, 이제 소설 『삼국지』 인물들의 성격을 분석하여 사상체질을 판단해보자.

훗날 촉한의 1대 황제가 된 유비는 사회생활에 있어 적응을 잘 하고, 처세술이 뛰어난 태음인이다. 이해심이 넓고 점잖으며 신중하고 믿음직스러운 성격이다. 관우와 장비를 비롯하여 수많은 사람들이 그를 따른 것은 이러한 포용력 때문일 것이다. 특히 제갈량이라는 인재를 얻기 위해, 은근과 끈기로 삼고초려를 한 것은 유명한 이야기다.

도원결의를 맺은 삼형제 중 막내인 장비는 소양인이다. 성격과 행동이 급하고 솔직하며 감정의 변화가 심하다. 삼고초려 끝에 드디어 제갈량을 만났으나, 낮잠을 자고 있는 제갈량의 모습을 보고 화를 내며 집에 불을 지르려고 했던 일화는 그의 다혈질적인 면모를 잘 보여준다.

지략가인 제갈량은 기획과 설계에 뛰어난 소음인이다. 소음인은 모든 일에 있어 정확하고, 일을 도모할 때 치밀하고 꼼꼼하다. 때론 그것이 지나쳐 불안과 질투를 느끼지만 제갈량은 끊임없는 공부와 수련을 통해 소음인의 단점을 극복해낸다.

304쪽의 그림은 국립중앙박물관에서 소장 중인 화가 미상의 제갈량 초상이다. 다만, 외모보다는 성격을 기준으로 사상체질 분류를 하였으므로 큰 의미는 없으니 재미로 보도록 하자.

강력한 추진력에 호방한 태양인

태양인은 굳이 삼국지 안을 들여다보지 않아도, 이제마를 보면 알 수 있다. 태양인은 후퇴를 모르는 강력한 추진력을 가졌고, 독선적인 면도 있다. 자존심이 강하며, 사소한 일상보다는 큰일에 가치를 두는 영웅심리가 있다. 이제마의 호는 '동무東武'인데 이는 동쪽의 무인이라는 뜻으로, 실제로 그는 무과에 급제해 공을 세우기도 했다. 또한 조선뿐 아니라 러시아, 만주까지 유람하며 견문을 넓혔는데, 이를 통해

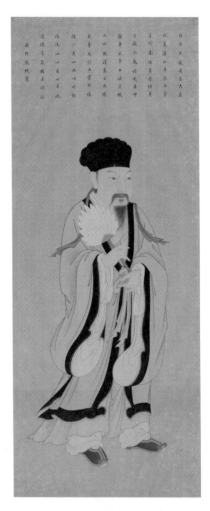

◇ 공명초상

화가 미상, 국립중앙박물관

진취적이고 호방한 그의 성격을 엿볼 수 있다.

평소 우리는 "난 A형이라 소심해", "쟤는 AB형이라서 그런지 특이해"라고 혈액형별로 성격을 나누어 말하기도 한다. 사상체질에서 말하는 성격도 그런 식으로 한번 생각해보면 조금 쉬울 것이다.

물론 사상체질은 기본적으로 의학이론이기 때문에, 병이 걸렸을 때 체질에 따라 치료하는 방법이 다르다는 것이 핵심이다. 그래서 성격도 단순히 장점이 뭐고 단점이 뭐다라고 지적하는 것이 아니라, 조금 더 건강한 삶을 살기 위한 조건과 연결시킬 수 있다. 스트레스는 만병의 근원이라는 말도 있듯이, 평상시에 내 체질과 성격을 파악하고 스트레스를 받지 않게 몸과 마음을 잘 다스리면 분명 건강에도 도움이 될 것이다.

더 읽을거리

환자를 진단하는 4가지 방법

사진四診은 망문문절望聞問切로 한의학에서 환자를 진단하는 4가지 방법이다. 눈으로 보는 망진, 귀로 듣는 문진(듣다 문), 환자에게 묻고 대화하는 문진(묻다 문)°, 맥을 잡거나 몸을 만져 보며 증상을 찾아내는 절진이 있다.

귀로 듣는 문진은 환자의 목소리나 숨소리(호흡), 기침 등 다양한 소리를 듣는 것으로, 넓은 의미로는 냄새를 맡는 것까지 포함한다. 즉 의사의 청각과 후각을 통해 환자의 병을 진단하는 방법이다. 절진은 촉진이라고도 하는데, 맥진과 복진이 대표적이다. 복진은 배 부위를 만져보아 진단하는 방법으로 복직근이 얼마나 긴장되어 있는지, 눌렀을 때 통증을 느끼는 부분은 없는지, 복부 내 장부의 상태를 살필수 있다. 절진은 이뿐 아니라 피부의 상태와 온도 습도 등 여러 가지 요소들을 살펴 환자에 대한 정보를 얻을 수 있다.

°   聞(들을 문). 귀로 듣기 때문에, '귀 이' 자가 안에 있다.
     問(물을 문). 입으로 묻는 것이므로 '입 구' 자가 안에 있다.

부록

나는 어떤 체질일까?

태양인

머리가 크고 목덜미가 충실하며, 눈에 광채가 있다. 하체가
약하고, 전반적으로 살이 많지 않다. 척추와 허리가 약해서
오래 서 있거나 걷지 못한다.

태음인

체격이 큰 편이고, 근육과 골격이 발달했다. 얼굴이 둥글고,
이목구비가 뚜렷하다. 피부가 약한 편이며 거칠다. 조금만
움직여도 땀이 나며, 땀구멍이 잘 보인다. 상체는 약하고 하
체가 충실하여 걸을 때 매우 안정적으로 보인다.

소양인

머리가 앞뒤로 나오고, 턱이 뾰족하다. 얼굴빛이 희고 입술이 얇으며, 눈빛이 맑고 눈매가 날카롭다. 상체의 발육이 좋고 하체가 빈약해 걸음걸이가 빠르고 가벼워 보인다.

소음인

얼굴이 작고 타원형이며, 눈·코·입이 크지 않다. 키나 체격이 작은 편이다. 피부가 부드럽고 치밀하다. 상체보다 하체가 발달해, 가슴이 좁고 엉덩이는 크다.

사상체질별 음식

쉽게 구분하기 위해서 이로운 음식과 해로운 음식으로 나눴지만, 너무 자주 많이 먹지만 않는다면 해로운 음식이라고 제쳐 놓고 "아예 안 먹어" 이렇게까지 할 필요는 없다. 어른도 마찬가지지만, 특히 자라나는 청소년들은 골고루 먹는 것이 가장 중요하다. 하지만 몸이 아프거나 힘들 때라면, 이왕이면 내 체질에 맞고 건강에 좋은 음식을 먹는 것이 도움이 될 것이다.

태양인

육류보다는 해산물이 몸에 좋다. 서늘한 성질의 메밀, 다래°

를 비롯하여 포도, 모과 등이 체질에 맞다.

태음인

일반적으로 위장 기능이 좋아, 많이 먹는 체질이다. 폐기능
이 약해 배, 도라지, 은행 등이 몸에 잘 맞는다. 고지방 음식
보다는, 단백질이 많고 담백한 음식이 좋다. 고구마, 콩·율
무, 밤·호두·잣(견과류), 연근·마·고사리 등이 이에 해당된
다. 육류는 돼지고기나 닭고기보다 소고기가 좋다.

소양인

비장과 위장이 튼튼하고 속에 열이 있어서, 어떤 음식을 먹
어도 소화가 잘 되는 편이다. 싱싱하고 서늘한 성질의 음식
이 좋고, 열이 많고 맵거나 자극적인 음식은 피하는 것이
낫다.
돼지고기·오리고기, 보리·녹두, 오이, 수박·참외·바나나·파
인애플 등이 이로운 음식이다.

˚   우리가 자주 먹는 키위(참다래, 양다래)도 다래과에 속한다.

소음인

비위가 약해 소화능력이 떨어지고, 탈이 나기 쉽다. 배가 차지기 쉬우므로, 따뜻한 성질의 음식이 도움이 된다. 육류는 닭·염소, 해물류는 미꾸라지·뱀장어 등이 좋다. 과실류는 대추·귤·복숭아, 채소류는 파·마늘·후추·생강, 곡물류로는 찹쌀·조 등이 잘 맞는다.

돼지고기, 참외·수박·오이, 녹두·메밀 등 찬 성질의 음식은 주의할 필요가 있다. 특히 여름철에 찬 음식을 조심해야 한다.

사상체질별 공부법

○

공부 방법은 사람마다 다르다. 사람들이 효과적이라고 추천한다고 해서, 나에게도 그 방법이 항상 좋은 것은 아니다. 다음 네 가지 체질별 학습법을 살펴보고, 내게 맞는 학습법을 찾아서 시도해보면 어렵게만 느껴졌던 공부도 훨씬 재미있을 것이다.

태양인

사고력, 판단력이 뛰어나지만 계획성은 부족한 편이다. 책상 앞에 오랜시간 앉아 처음부터 하나하나 꼼꼼하게 공부하는 것을 답답하고, 지루하게 생각한다. 이런 공부방식을 강요하면 자칫 공부에 흥미를 잃을 수도 있다. 사교성이 좋아 친구들과 어울려 공부하는 것도 좋다. 상상력이 풍부하고, 창조적인 성격으로 예술 분야에서 두각을 나타낸다.

태음인

무엇이든 받아들이고 흡수하는 것에 뛰어나므로, 다양한 경험을 하는 것이 좋다. 새롭게 도전하는 것을 두려워하고 겁이 많지만, 한번 시작하면 인내심이 강해 끈기있게 끝까지 해내는 편이다. 선행학습을 하기보다, 배운 것을 반복하여 익히는 방식을 선호한다.

주변 분위기에 적응을 잘 하므로 친구들이나 부모님이 책을 즐겨 읽고 공부를 좋아하면 자신도 함께하려는 경향이 있다.

소양인

총명하고 창의력이 뛰어나다. 열정이 많지만, 상대적으로 지구력은 부족하다. 성격이 급하고 산만해 보일 수 있다. 집중력과 끈기가 부족해 보이지만, 이를 고치려고 지나치게 침착함을 강요하는 것은 오히려 열정과 창의력을 억제하는 부작용을 낳을 수 있다. 남에게 과시하는 것을 즐기기 때문에, 칭찬받고 인정받는 것을 좋아한다. 좋고 싫은 것이 분명하여, 자신이 관심 있는 과목을 파고드는 성향이 있다.

소음인

치밀하고 꼼꼼한 성격으로 정확한 것을 좋아해, 확실하게 이해하고 넘어가려고 노력한다. 이 때문에 '왜?'라는 질문과 고민이 많다. 이러한 소음인 아이들의 질문에 부모님과 선생님이 인내심을 갖고 답해준다면, 아이는 더욱 공부에 흥미를 가질 것이다. 처음에는 진도가 느리게 나가는 것 같아 답답하게 보일 수도 있지만, 원리를 깨달은 후에는 속도도 붙고 더욱 깊게 파고들어 그 분야의 전문가가 될 능력이 있다.

우리에게 친숙한
한약재들

감초

'약방의 감초'라는 말처럼 감초는 많은 한약 처방에 이용된다. 한의원에서 약재로 사용하는 감초는 대부분 중국이나 우즈베키스탄, 카자흐스탄 등에서 수입한다. 중국산이라면 농약, 중금속 위험을 포함하여 질이 낮을 것을 우려하지만, 한의원에서는 GMP 기준을 통과한 약재만 취급하기 때문에 걱정할 필요는 없다. 수입산이 오히려 국산에 비해 유효성분이 많고 효능이 좋은 대표적인 약재가 바로 감초다. GMP_{Good Manufacturing Practice}는 식품·의약품의 안정성과 유효성을 보증하는 기본조건으로, 우수식품·의약품의 제조·품질관리를 위해 지켜야 하는 기준이다. 일반 마트나 온라인에서 구매할 수 있는 식품용 약재는 GMP 통과가 필수적이지는 않다. 반면, 한의원에서 취급하는 의약품으로서의 약재는 이 기준에 적합해야 하는 차이가 있다. 감초는 여러 가지 약재를 조화시키는 효능이 있어 다양한 한약 처방에 들어간다. 또한 해독 작용이 있어 검은콩과 함께 배합한 감두탕은 약물이나 독을 푸는데 사용하기도 한다.

녹용

녹용은 허약을 보충하는 대표적인 보약이다. 사슴과에 속하는 매화록, 마록, 대록의 숫사슴 뿔로, 골질화가 아직 진행되지 않았거나 약간 골질화된 어린 뿔을 사용한다. 딱딱하게 골화가 진행된 녹각 역시 보약으로 사용하지만 보익하는 효능은 상대적으로 약하다. 하지만 어혈을 없애는 작용은 녹각이 녹용보다 우수하며, 칼슘 성분을 많이 함유하고 있다.

녹용은 주로 러시아산(원용)과 뉴질랜드산을 사용하는데, 원용은 뉴질랜드산에 비해 약 1.5배 정도 가격이 비싸다. '으뜸, 근본 원元'이라는 글자를 사용한 원용이란 이름에서, 원용의 품질과 효과가 뛰어나다는 것을 짐작할 수 있다. 추운 지방에서 자란 러시아 사슴은 체구가 크며 뿔 역시 크다. 사슴의 뿔은 털로 덮여 있는데, 특히 원용은 털이 고르며 가늘고 부드럽다. 이에 비해 중국산은 거친 느낌이 있어 깔깔이라고 불리기도 한다. 또한 캐나다의 엘크는 광록병의 위험이 있어 약재로서 사용하지 않는다.

녹용은 그 부위에 따라 분골, 상대, 중대, 하대로 나뉜다. 생장점이 있는 뿔의 가장 위쪽 즉 머리에서 가장 먼 끝부분을 분골이라 하는데, 하얀 조직이 꽉 차 있는 밝은 갈색으로 조직이 치밀하면서도 부드러워 작은 자극에도 쉽게 부서져 가루가 된다. 분골의 바로 아래 상대는 피를 머금은 듯한 붉은 빛을 띠며 조직이 치밀한 편이지만, 상대의 아래 부위인 중대는 자흙색이며 테두리 부분이 하얗게 골화되고 조직이 성글어 작은 구멍을 볼 수 있다. 제일 아래쪽의 하대는 녹각과 비슷한 성분을 가진다. 녹용에는 여러 종류의 아미노산이 포함되어 있는데, 이러한 영양성분은 상대에 풍부하고 아래로 내려갈수록 골화가 많이 진행된 상태로 가격이 싸고 유효성분도 적다.

당귀

당귀는 길을 지나다가도 어렵지 않게 볼 수 있는 비교적 친숙한 식물이다. 잎은 쌈 채소로 활용되고, 한약재로 사용할 때는 뿌리를 사용한다. 당귀는 여성에게 특히 좋다고 알려졌는데, 이는 여성의 건강에 중요한 혈血을 보하는 효과 때문이다. 기와 혈 모두 건강을 위한 필수요건이지만, 한 달에 한번 생리를 하고 임신과 출산시에도 피가 부족하기 쉬운 여성에게 특히 피(혈血)는 중요한 요소이다. 당귀는 적혈구 등 혈액의 생성을 왕성하게 하고, 피가 원활히 순환하게 해준다. 자궁 출혈, 빈혈뿐 아니라 피가 부족해서 오는 두통, 요통, 피로 등 여러 질환에 응용할 수 있다. 피부 건강에도 좋아, 한방 화장품에는 대부분 당귀가 들어 있다고 해도 될 정도로 널리 이용되고 있다. 당귀는 어혈을 없애고 지혈의 효과도 있지만, 항응고제 등의 약과 병용하면 오히려 출혈의 위험이 늘어날 수도 있는 만큼 개인의 증상과 상태에 맞게 적절히 섭취해야 한다.

인삼

뭐니뭐니해도 인삼은 한약재 중에서 가장 익숙한 것이 아닐까 싶다. 수삼, 백삼, 홍삼, 당삼, 곡삼, 직삼, 건삼 등 인삼을 뜻하는 수많은 이름 역시 인삼에 대해 우리 민족이 오랫동안 가진 관심을 반영한 것이라 여겨진다.

이 중 한약재로서의 인삼이라 하면 보통 백삼을 이야기할 때가 많다. 백삼은 인삼을 심은 지 4~6년 후 가을에 줄기와 잎이 마를 때 캐어 햇볕에 말린 것이다. 이에 반해 수삼은 땅에서 캐낸 말리지 않은 상태의 인삼을 뜻하며, 홍삼은 수염뿌리(잔뿌리)를 제거하고 쪄서 건조한 것이다. 당삼은 한자에 따라 두 가지 의미를 가진다. 인삼을 당즙에 담갔다가 건조한 '엿, 사탕 당糖'의 당삼이 그 첫 번째이다. 당삼黨參은 아예 다른 약재인데 인삼이 두릅나무과(오가과)인 반면, 당삼은 초롱꽃과(도라지과)에 속한 만삼의 뿌리이다.

인삼은 기를 보해주는 보약으로 널리 쓰이는데, 기력이 허하고 식사량이 적으며 설사를 하는 사람, 폐의 기운이 약해 기침을 자주 하고 숨이 가쁜 사람에게 효과가 좋다. 한꺼번에 많은 출혈이나 구토, 설사 등으로 인해 허한 증상에도 응용할 수 있다. 하지만, 생각보다 부작용이 많아 사람과 증상에 따라 신중히 사용해야 하는 약재이기도 하다.

체질로 보자면 소양인이 인삼을 먹고 난 후 두통, 불면 및 얼굴이 붉어지고 뒷목이 뻣뻣한 등의 부작용이 발생할 가능성이 많다. 이는 가슴에 열이 차기 쉬운 소양인의 특징 때문인데, 이러한 부작용이 생겼을 때는 열을 내려주는 죽엽, 죽여,

석고 등의 약재를 적절히 이용할 수 있다. 부작용이 염려된다면 인삼 대신 당삼(만삼), 사삼(잔대) 등의 다른 약재로 대체하여 복용하는 것도 좋다.

황기

황기는 삼계탕에 종종 들어가는, 나무뿌리처럼 생긴 약재다. 인삼과 함께 기를 보하는 대표적인 한약재로 꼽힌다. 기가 부족하면 숨이 짧고 말할 때 힘이 없어 목소리가 작아지며, 입맛이 없고 식사량도 적어지고, 대변이 무르고 설사를 하기 쉽다. 잡아주는 기운이 적어지면 탈항(직장 탈출증), 자궁하수가 생길 수 있고, 쏟듯이 하혈을 하기도 한다. 이렇게 기가 부족한 여러 증상에 황기를 응용할 수 있다. 특히 황기는 가만히 있어도 땀이 줄줄 날 때, 상처부위를 빨리 아물고 새살이 돋게 할 때 효과가 좋다. 인삼과 같이 복용하면 기를 보하는 작용이 한층 강화되고, 당귀와 배합하면 기와 혈을 함께 보해 서로 상승작용이 있다.

경옥고

『동의보감』에 나온 첫 번째 처방이라는 경옥고, 그만큼 많은 이들에게 알려진 유명한 한약이다. 인삼, 생지황, 백복령, 백밀(꿀)의 네 가지 약재로 이루어진다. 백발이 다시 검어지고 빠진 이가 다시 나오며, 걸음걸이가 뛰는 말 같아지도록 해준다는 『동의보감』의 설명을 보자면 불로장생의 약이 바로 경옥고가 아닐까 싶기도 하다. 경옥고는 그 이름처럼 고(약재를 진하게 고아서 만든 농축 약)의 형태로, 만드는 과정이 까다롭고 시간이 오래 걸리며, 보관도 사기 항아리에 한다. 하지만 요즘은 환(둥글게 빚은, 씹어먹는 알약), 스틱(연조제, 짜먹는 약) 등 먹기 편한 다양한 형태로도 나온다.

공진단

허약한 체질의 사람이라도 타고난 원기를 든든하게 해준다는 공진단은 보약의 대표 주자라 할 수 있다. '두한족열(머리는 시원하게, 발은 따뜻하게)', '복무열통(열로 생기는 복통은 없다, 대부분의 복통은 찬 데서 온다)'는 말처럼 머리와 가슴은 시원하고, 배와 하체는 따뜻한 것이 건강에 좋다. 공진단은 이러한 수승화강(물은 위로, 불은 아래로)의 원리를 바탕으로 한다. 시원한 기운(물)은 올라가고, 따뜻한 온기(불)는 아래로 내려가게 하는 것이다.

공진단을 구성하는 약재는 녹용, 당귀, 산수유, 사향 네 가지이지만, 사향 대신 침향이나 목향으로 대체하기도 한다. 가격은 사향이 가장 고가이다.

쌍화탕

쌍화탕은 일반적으로 감기에 걸렸을 때 찾는 한약으로 알려져 있다. 하지만 『동의보감』에서는 정신과 육체가 피로할 때, 몹시 힘든 일을 한 후 성생활을 했을 때, 큰 병을 앓고 난 뒤 기운이 빠지고 땀이 흐르는 등 기혈이 손상되었을 때 처방한다. 쌍화탕은 백작약, 천궁, 숙지황, 황기, 당귀, 계피, 감초

등으로 구성된다. 이는 사물탕과 황기건중탕이 합쳐진 처방으로, 사물탕은 혈을 보하는 대표적인 약이다. 빈혈, 생리 불순, 갱년기 장애 등 혈이 부족한 다양한 질환에 두루 쓰인다. 황기건중탕은 소화기관을 튼튼하게 하는 건중탕에 황기가 더해진 것으로 황기는 기운을 더해주는 약재이다. 즉, 쌍화탕은 기와 혈을 보해 주고 소화를 돕는 효과가 있다. 이 때문에 쌍화탕은 열이나 기침, 콧물 등의 감기 증상이 심할 때 쓰는 약이라기보다, 감기에 자주 걸리거나 한번 감기에 걸리면 오래가고 잘 낫지 않는 허약한 사람이 감기에 걸렸을 때 활용하면 좋다.

우황청심원

경옥고, 공진단과 함께 3대 명약이라고 불리는 우황청심원은 중풍, 뇌질환, 심장·신경성 질환에 쓰인다. 보약으로 알려진 경옥고, 공진단과는 달리 청심원은 효능이 좀 더 강력한 구급약의 성격을 가진다.

TV드라마에서 보면, 중요한 면접을 보기 전 혹은 놀랄만한 이야기를 꺼내기 전 청심원을 먹을 것을 권유하는 장면을 볼 수 있다. 이처럼 청심원은 불안한 마음을 가라앉히는 데 사용할 수도 있지만, 이러한 때에는 오히려 천왕보심단이 더 적합하다. 천왕보심단은 마음을 안정시켜, 잘 놀라고 가슴이 두근거리는 증상에 사용되는 약으로 한방 신경안정제로도 불린다. 요즘에는 안정액, 평심액, 천심액 등 다양한 이름으로 판매되고 있다.

총명탕

수험생 자녀를 둔 부모님이라면 한번쯤 떠올려봤을 만큼 유명한 처방이다. 기억력 감퇴와 건망을 치료하는 약으로, 학습 및 기억에 도움을 주려는 목적으로 자주 사용한다. 총명탕은 백복신, 석창포, 원지 세 가지 약재를 기본으로 한다. 원지는 마음을 안정시키는 진정작용이 있고, 복신은 심장의 기운이 약해서 가슴이 두근거려 불안하거나 건망증, 불면증이 있을 때 효과적이다. 석창포는 막힌 것을 뚫어주어 정신이 몽롱하거나 머리가 맑지 못할 때 도움이 된다. 이 세 가지 약재는 천왕보심단에도 모두 들어가 있다.

책과 논문

『꽃으로 보는 한국문화 3』, 이상희, (주)넥서스, 2004.3.10.

『동의보감』, 허준, 역자 동의과학연구소, 휴머니스트, 2002.8.19.

『망진(황제내경과 서양의학이 만났다)』, 팽청화 저, 이상룡, 김종석 역, 청홍, 2007.8.29.

『모발학 사전』, 류은주, 광문각, 2003.5.22.

『문학비평용어사전』, 한국문학평론가협회, 국학자료원, 2006.1.30.

『미술대사전(용어편)』, 한국사전연구사, 1998.

『미술로 보는 한국의 미의식 1』, 최광진, 미술문화, 2018.6.15.

『사상의학 바로 알기』, 장동민, 살림, 2014.11.20.

「성심산醒心散의 중대뇌동맥 폐쇄로 유발된 허혈성 뇌손상 백서白鼠에 대한 인지 및 운동기능 회복 촉진효과」, 이경석, 정대규, 동의신경정신과학회지, 2015.9.30

『시사상식사전』, pmg 지식엔진연구소, 박문각

『신대역 동의보감』, 허준, 동의문헌 연구실 옮김, 진주표 주석, 법인문화사, 2009.8.25.

「용천(KI₁)의 전침 자극이 EEG의 변화에 미치는 영향」, 임진택, 우석대학교 대학원, 2004.8

「조선시대 왕들의 질병치료를 통해 본 의학의 변천」, 김정선, 서울대학교 대학원, 2005

『조선시대 초상화 3』, 국립중앙박물관, 그라픽네트, 2009.12.22.

『학문명백과 : 예술체육』, 허정록, 김주원 외 4인, 형설출판사

『한국 미의 재발견 - 회화』, 이원복, 솔출판사, 2005.3.24.

『한국고전용어사전』, 한국고전용어사전 편찬위원회, (사)세종대왕기념사업회, 2001.3.30.

『한국민속식물』, 최영전, 아카데미서적, 1997.2.15

『한국의 미술가』, 안휘준, (주)사회평론, 2006.2.01.

『한국화장문화사』, 전완길, 열화당, 1987.

『한권으로 읽는 동의보감』, 김남일, 신동원, 여인석, 도서출판 들녘, 1999.3.25

『한방에 산다 (만화로 풀어낸 한의학 기초 상식)』, 올댓스토리, 노율 글, 최가야 그림, 매일경제신문사, 2013.3.15.

『한약재감별도감 - 외부형태』, 김창민 외, 아카데미서적, 2014.2.28.

『한의학 총강』, 나창수, 의성당, 2001.2.15.

『한의학대사전』, 한의학대사전 편찬위원회, 도서출판 정담, 2001.6.15.

『한의학을 통해 알아보는 체질 사상체질의학 이야기』(미래창조과학부)(이지사이언스 21), 『한국한의학연구원』, 동아사이언스, 2015.4.05

『해부 병태생리로 이해하는 SIM 통합내과학 9』, 정담 편집부, 정담, 2013.5.10

『화폭에 담긴 한식』, 한식재단, Hollym, 2015.06.30.

인터넷 페이지

https://terms.naver.com/entry.nhn?docId=2117571&cid=44415&catego
ryId=44415
국가건강정보포털 의학정보, http://health.cdc.go.kr/health/Main.do
국립중앙박물관, https://www.museum.go.kr
두산백과 http://www.doopedia.co.kr
문화콘텐츠닷컴, 한국콘텐츠진흥원,http://www.culturecontent.com
미술백과 https://terms.naver.com/list.nhn?cid=44623&categoryId=44623
한국민속대백과사전, 국립민속박물관 http://folkency.nfm.go.kr
한국민족문화대백과사전, 한국학중앙연구원 http://encykorea.aks.ac.kr
한국전통지식포탈, 특허청 http://www.koreantk.com
한국한의학연구원 https://www.kiom.re.kr

기사

「[근대, 미술 거리를 걷다]3. 개항기 서양인에게 판 '수출화'를 아시나요」,
손영옥, 국민일보.
「정병모 교수의 명품 민화 순례④ - 개인소장〈낙도樂圖〉태극太極에서 말똥
까지… 상식을 뒤엎은 그림」, 정병모, 월간 민화, 2017.2.10
「녹내장 '손톱모세혈관 이상과 연관'규명」, 조현진, 보건타임즈,
2012.3.13
「[생활 속의 전통傳統사상]해와 달은 음양을, 다섯봉우리나 목화토금수 색
상은 오행 의미」, 이재명, 경상일보, 2016.12.05
「선승의 초상화─진영眞影」, 정진희, 법보신문, 2017.2.21

「수은 혈압계·체온계 3년 뒤 퇴출...대응책 시급」, 박효순, 경향신문, 2017.6.20.

「〔신병주의 역사에서 길을 찾다〕(53) 조선에 전래된 고구마·감자 이야기」, 세계일보, 2010.1.12

「제5강 조선미, "조선시대의 초상화"」, 최민정, 문화유산채널, 2012.6.21

「케이옥션 3월 경매 낙찰총액 86억원···김환기·이우환 저력 여전」, 김금영, CNB저널, 2019.3.21 2019.4.06

「〔혈자리여행〕(4)용천·삼음교」, 강용혁, 경향신문, 2001.3.14

「150년 만에 발견된〈의종손익〉의 혜암 초상화(2)」, 한기춘 서정철 최순화, 민족의학신문, 2018.1.27.

「AI, 눈동자 움직임만 보고 사람 성격·심장병 알아챈다」, 이관범, 문화일보 제2면, 2018.8.3

강세황 초상: 이명기,
　개인소장(국립중앙박물관 보관), 55쪽

고구려 수산리 고분 벽화 복원도:
　동북아역사재단, 261쪽

공명초상: 화가 미상, 국립중앙박물관,
　304쪽

공민왕: 노국공주 초상,
　국립고궁박물관38쪽

낙도 병풍 중 쌍룡: 개인소장, 295쪽

노련도: 심사정, 서울대학교박물관, 114쪽

눈의 각 부분과 오장육부의 관계:
　『동의보감』, 23쪽

단오풍정: 신윤복, 간송미술관, 256쪽

도원행주: 안중식, 국립중앙박물관, 201쪽

르 투르 드 몽드: 국립중앙박물관, 90쪽

목동오수: 김득신, 간송미술관, 158쪽

몽유도원도: 안견, 일본 천리 대학, 197쪽

벼타작: 김홍도, 국립중앙박물관, 210쪽

별주부전: 전북 고창군 판소리박물관,
　273쪽

비장도: 동의보감』, 41쪽

사명대사 진영: 동화사 성보박물관, 60쪽

사직노송도: 정선, 고려대학교박물관,
　134쪽

사진엽서(겸상): 국립민속박물관, 215쪽

산초백두도: 김정, 개인소장, 168쪽

삼시충: 『도장경』, 207쪽

서직수 초상: 김홍도, 이명기,
　국립중앙박물관 소장, 66쪽

설중귀려도: 김명국, 국립중앙박물관,
　155쪽

세한도: 김정희, 국립중앙박물관, 184쪽

송화도: 이인상. 국립중앙박물관, 188쪽

신간보주석문 황제내경소문:
　국립중앙박물관, 47쪽

신부연석: 김준근, 개인소장, 89쪽

신사철 초상: 국립중앙박물관, 49쪽

신선(부분): 국립중앙박물관, 203쪽

십장생도: 국립고궁박물관, 284쪽

쏘가리(어해도): 조선민화박물관, 233쪽

씨름: 김홍도, 국립중앙박물관, 268쪽

안악3호분 벽화 중 주방: 동북아역사재단,
　218쪽

애련도: 최북, 개인소장, 177쪽

어미소와 송아지: 김식, 국립중앙박물관,
　104쪽

어해도: 장승업, 서울대학교박물관, 224쪽

어해화첩: 장한종, 국립중앙박물관, 232쪽

연화도: 강세황, 국립중앙박물관, 179쪽

영조 어진: 채용신, 조석진,
　국립고궁박물관 소장, 28쪽

우경산수: 김명국, 국립중앙박물관, 153쪽

우물가: 김홍도, 국립중앙박물관, 149쪽

운낭자초상(부분): 국립중앙박물관, 78쪽

육십사괘 음양상생지도: 국립중앙박물관,
　287쪽

윤두서 자화상: 윤두서, 개인소장, 20쪽

이의현 초상: 일본 천리대학교, 44쪽

이제마 초상:『상교현토 동의수세보원』,
　299쪽(좌)

이제마 초상: 최광수,
　한국민족문화대백과사전, 299쪽(우)

일월오봉도 병풍: 국립고궁박물관, 280쪽

채애採艾: 윤두서, 개인소장, 264쪽

초충도8곡병 中 가지와 방아깨비:
　신사임당, 국립중앙박물관, 238쪽

초충도8곡병 中 맨드라미와 쇠똥벌레:
　신사임당, 국립중앙박물관,
　241쪽(아래)

초충도8곡병 中 산차조기와 사마귀:
　신사임당, 국립중앙박물관, 241쪽

초충도8곡병 中 수박과 들쥐: 신사임당,
　국립중앙박물관, 239쪽

초충도8곡병 中 양귀비와 도마뱀:
　신사임당, 국립중앙박물관, 243쪽(위)

초충도8곡병 中 어숭이꽃과 개구리:
　신사임당, 국립중앙박물관, 242쪽

초충도8곡병 中 오이와 개구리: 신사임당,
　국립중앙박물관, 243쪽(아래)

초충도8곡병 中 원추리와 개구리:
　신사임당, 국립중앙박물관, 240쪽

초충도8곡병(전체): 신사임당,
　국립중앙박물관, 236쪽

최익현 초상(모관본): 채용신,
　국립중앙박물관, 76쪽

추수타작: 김득신, 간송미술관, 212쪽

통죽: 유덕장, 국립중앙박물관, 125쪽

통죽: 이정, 국립중앙박물관, 127쪽

폐장도:『동의보감』, 32쪽

폐장도:『의방유취』, 128쪽

황도연 초상화,『의종손익』, 고려대학교
　소장본, 271쪽

황우도, 김시, 서울대학교박물관, 102쪽

옛 그림으로 본 **동의보감**

얼굴과 몸을 살펴
건강을 안다

초판 1쇄 발행 2022년 5월 20일

지은이 윤소정
펴낸이 최용범
편집기획 박호진, 윤소진, 예진수
디자인 김규림
관리 강은선
인쇄 ㈜다온피앤피

펴낸곳 **페이퍼로드**
출판등록 제10-2427호(2002년 8월 7일)
주소 서울시 동작구 보라매로5가길 7 1322호
이메일 book@paperroad.net
페이스북 www.facebook.com/paperroadbook
전화 (02)326-0328
팩스 (02)335-0334
ISBN 979-11-92376-03-5(03150)